U0046749

生命，因**閱讀**而**大好**

從酒吧到嬰兒床，是什麼讓我們長大成人？

伊娃．艾瑟曼 Eva Asselmann、瑪蒂娜．帕爾 Martina Pahr 著　　王莉雯 譯

目錄

CONTENTS

序文

我們生而如此，但不必保持原樣

「生命歷程絕非我們個人的成就，而是一連串的事件和抉擇相互交織又彼此修飾的產物。」

——阿圖爾．叔本華（Arthur Schopenhauer）

讓我們先從一個好消息開始：影響我們如何發展（身高、體態或是性格——深度的成長）的不只是基因，環境也做出了決定性的貢獻；而幸運的是，在一定程度上，我們還可以參與塑造它。如同前幾年科學已證實的，我們的性格並非靜止不動，而是一生都在改變。

到目前為止都是意料中的事。那麼，到底是什麼推動了這些轉變？深刻的生命事件又是如何影響我們的性格？當我們墜入愛河而同居、結婚或組成家庭時，會發生什麼樣的改變？當我們踏入職場或是獲得提拔時，又會發生什麼事？退休後我們會變得更放鬆嗎？讓我們變成熟的是孩子還是工作？失業、分手或喪親所導致的性格轉變是暫時的，還是持續到多年後我們仍然看得出來？

過去幾年我都在研究這些問題，並為此分析了上千人的數據。從中獲得的成果，有些證實了先前的假設，有些則完全出乎意料。但無論如何，結果總是令人感到興奮，而這本書就是集大成之作。

你的經歷，造就此刻的「你」

經歷會影響我們的性格，同時，性格也會影響我們如何應對遭遇到的事。這意味著，性格取決於我們有沒有經歷過某些事件。心態開放的人，比起喜歡待在熟悉環境的人，更可能為了認識當地的文化風土，而前往具有異國風情的度假勝地；後者則傾向為自己找一個更熟悉的旅遊目的地。重視和諧的人，對他人友善且樂意妥協，因此也減少了衝突、離別和法律爭訟的風險；而有支配慾的人，則會毫不猶豫地接下領導職務，所以更容易晉升到主管階層。

這一切都是相互作用的：環境塑造我們，而我們也透過思想、感覺與行為影響它。我們經常「選擇」進入一個「生態位」，一個符合我們本性且會持續增強它的環境。以工作為例，有創意的人會選擇藝術相關的職業，並因此變得更有創造力；對科學感興趣的人會進行研究，讓他們對科學的好奇不斷增長（希望如此！）；不畏懼風險的人會建立新創公司，並因此能夠（或必須）表現得越來越有勇氣。除了工作，這種效應也適用於其他生活領域。

我們都認識不斷「換工作」的亨士先生，或是陷入一段又一段情感肥皂劇的昆茲女士；對麥爾先生來說，混亂是家常便飯，而對穆勒太太來說，一切似乎都很順利。哪些人格特質可以解釋這些差異呢？哪些性格在個別的生活領域特別有作用？性格有「好」或「壞」之分嗎？會讓我們變成傷心的倒楣鬼，或是健康、快樂、受歡迎且事業有成的幸運兒嗎？

生命事件不只影響性格，顯然也讓我們產生情緒的波動。我們從自身的經驗體會到：墜入愛河彷彿身處綠洲般的喜悅、分手或離婚後的崩潰沮喪、迎接新生命的欣喜若狂、工作問題所帶來的壓力，或者失去摯愛的沉痛絕望。但這些影響有多強烈又會持續多久呢？工作成就所帶來的喜悅會延續，還是生孩子的歡喜比較長久？孩子真的能挽救一段關係嗎？遭受命運的沉重打擊後，我們還能像以前一樣開心又無憂無慮嗎？我研究了所有這些有趣的問題，而你可以在這本書裡找到答案。

心理韌性存在嗎？

深刻的生命事件不一定對每個人都帶來一樣的影響，也不是每個人在經歷這些事件後，都會對身心健康產生同樣強烈的變化。我們對於特定生命事件的經歷、評價和領悟都有所不同，充滿壓力的事件尤其如此。有些人對壓力的反應非常敏感，有些人則是和沉重的命運打擊與創傷經驗相處得不錯。那麼，心理抵抗力取決於哪些因素？我們不只可以鍛鍊肌肉，也能針對心理強度做訓練嗎？有鑑於最近許多全球性的困難挑戰，這個課題變得比以往更真實了，你也將在本書中找到關於韌性和面對集體危機的章節。

上述問題的觀察研究告訴我們，我們何時會如何轉變，以及我們對哪些外部影響的反應特別敏感。研究成果不僅有利於科學進步，就社會層面來說，我們能藉由這些研究的幫助，讓（未來）即將面臨人生重大事件的人做最好的準備：新手爸媽展開家庭生活、大學畢業生尋找（適合的）工作，或是讓處於職涯末期的人們，可以一帆風順地進入退休生活。不只如此，也能透過具有針對性的輔導，讓潛在危險群體能在危急時刻獲得重要的支持，像是為壓力過大和剛分手的人提供訓練課程，以及為失去至親或經歷戰爭和暴力的受害者提供治療協助，藉此及早預防嚴重的心理問題。

重要的是，不只對當事人，也要讓周圍的人提高意識。舉例來說，如果讓父母、老師或實習機構了解到初戀、學業或職涯對青少年人格發展的重要性，以及他們如何在一路上提供合適的支持，這將會很有幫助。此外，研究成果也可應用於「自我賦能」，我們可以在學校或課堂中教導兒童與青少年心理學的知識與對策，讓他們為人生做好準備，幫助他們面對不安全感、恐懼、競爭壓力、考試壓力、情感煩惱或悲傷時刻。

即使此刻的你沒有深陷在人生泥沼中，書中關於人格發展的新知，對每個人來說仍然是有幫助的：如何改變自己，有意識地引導這個過程轉往特定的方向？這是可行的嗎？該怎麼做才能成功克服挑戰，從危機中變得更強大？如何有效訓練我們的心理韌性？這正是你打開這本書的原因。

在本書中，你不只會找到這些問題的解答，更有為你打造的心理問卷、建議和實用的練習，它們將幫助你確認自己的性格特徵所展現的程度，以及你的自我形象是否和他人眼中的一致。你將會發現自己的長處在哪裡、能夠借助哪些資源、哪些是你所重視的需求與價值。最後，藉由學習實際有效的技巧，減少你的工作壓力、巧妙解決家庭衝突、保持專注與放鬆，以及讓你更懂得活在當下並為未來設定目標，這些技巧都有助於你的人生發展。

在此，預祝你有一段愉快又豐富的閱讀體驗。當然，也願你在個人發展的道路上充滿樂趣，並擁有發現者的精神！

其實我原本想按照自己的方式來到這裡，
但我自己就這樣跑來了。

——海因茲・艾哈特（Heinz Erhardt），德國喜劇演員

Ch.1

我們是由什麼組成的？和別人有什麼不同？

在人生的各種派對上，絕對少不了「歌劇女王」的身影：一踏入現場就奪走眾人的目光。她身後的角落，則站著一個沉默寡言的人，默默盯著前方，像一袋馬鈴薯一樣毫無魅力。這兩個極端的例子之間，以多樣又迷人的方式延伸出所有人格類型。我們都被困在自己的原廠設定中，如果想要改變本性，做出與自身不符的行為，就必須跳出這層設定。我們看待事情有自己的角度、喜好和獨特之處，也很喜歡瞥一眼就以為自己完全了解其他人。（但這其實透露出更多我們的性格。）

人們可能認為，我們徹頭徹尾地了解自己，但如果提到自己的性格、優點與缺點時，又常常結巴地說不出話。（除了面試時，我們可能不太誠實，但通常會做好準備。）希望雜誌上的心理測驗能透露我們多有自信、社交能力如何，或是哪位迪士尼公主和自己最相像。為了知道何時才能擁有名望與財富、當畫家還是會計師比較好，以及為什麼真愛要等這麼久，我們會向西藏人格測驗、筆跡分析或塔羅牌占卜求教。儘管這些通俗心理學很有趣，但為了真正認識自己，先把它們放一邊吧。等著你的是一個非常令人期待的過程！讓我們從一道看似無害的問題開始：到底是什麼塑造了我們，讓我們形成這樣的性格？

性格究竟是什麼？

「人格特質」在科學上代表著每個人之間有不同的思想、感覺與行為，而這些所謂的特質，有時候無法馬上從外表看出來。雖然我們覺得角落裡那袋沉默寡言的「馬鈴薯」不愛交際、喜歡抱怨又無趣，但我們不知道他是否剛看完牙醫、和女朋友吵架，或只是因為昨晚從火場中救出六隻幼犬才會累得跟狗一樣。我們也不知道聊到哪個喜好時會讓他眼睛一亮（也許是蕨類植物、集郵或是根據古老亞馬遜配方所製作的乾製首級[1]）。我們也不會知道歌劇女王是怎麼花上好幾個小時為她的亮麗登場做準備，也許她對髮型師咆哮，甚至吸了

1 亞馬遜地區原住民的一種風俗，將在決鬥中砍下的人頭當成戰利品，透過特殊的處理方式保存被砍下的人頭。

毒。第一眼我們看不出她以誇張的姿態彌補自身的不安全感，也感覺不出她正承受著強烈的自我懷疑。換句話說，我們對別人的第一印象，就像那句無人不知的俗語所說的：「你永遠沒有第二次機會留下第一印象。」但這種只在特定情況下擷取片段的第一印象顯然會說謊，會掩飾的人可能藉此獲得好處，而低調的人則會被低估。

老實說，不管有沒有起因，我們有時就是會遇到糟糕的一天，如果情況嚴重，還會變成徹底討厭的一週；而其他時候則是一帆風順、輕鬆快活。我們的思想、感覺與行動，都可能隨著生活經歷產生巨大的波動。因此，為了確實掌握一個人的性格，在不同的時間點透過不一樣的事件去認識他，這是很重要的。單一的觀察只能看到有限的結果，像是在葬禮或週一早晨的通勤地鐵上，如果看到不想和任何人聊天的鄰居，這並不代表她不善於交際。如果剛交往的男朋友在週日和我們的父母喝咖啡時，沉默地吃著蛋糕，也同樣不能斷定他不善於社交。他可能在其他正常的情況下，是既開放又健談的——但正好不是在這種情境。如果他在員工餐廳、下班後的小酌聚會或朋友的生日派對上也坐在一旁（假使他確實有出席），這才代表他可能不擅長社交。在心理學中，一個人在不同的時間點和不同情況下仍表現出相似的行為，才是人格特質。

不過，生命總是一直在變化，儘管我們的性格在生命中期是穩定的，但在經過一段較長的時間後，也可能會產生改變。今天的我們可能比三年前的自己更善於社交，甚至比周遭的人都更擅長；但反過來說，跟過去身為傳奇派對一員的自己相比，如今的我們看起來就像羞怯的壁花。

動腦時間：在哪些情況下你會表現出怎麼樣的行為？你在何時何地最能「做自己」？你和過去的自己相比，有哪些不同之處？

人格心理學是什麼？

人們的想法、思考方式、感覺和行動有什麼差別？這些不同之處要怎麼系統性地描述、解釋及預測？以及我們這些「普通人」特別感興趣的——它們會產生什麼影響？人格心理學就是在處理這些核心問題。它關注的是在複雜的個體之間去理解每個人，並根據所有人格特質來進行描述。另一方面，也相互比較這些個別差異，像是：每個人的「外向性」有何不同？意即與同齡的人相比，人們在社交能力、交友開放程度，以及創造力方面的表現是如何？

從內部和外部視角來觀察個別的人格特質也很重要。前者是指我們如何看待自己，我們會形容自己是謹慎且深思熟慮的人？還是衝動又冒險的？認為自己是充滿信心和樂觀的，還是滿腦子都是最糟的情況？外部視角則是指我們看起來怎麼樣，平常別人怎麼看我們，以及行為舉止透露出我們的哪些性格？此外，內部和外部視角不一定相符，我們可能覺得自己既敏感又沒有安全感，但別人卻認為我們堅強又有自信。

最後，人格心理學也深入探討這個有趣的問題：是性格還是所處的情況影響我們的行為？或是兩個因素都有影響？舉例來說，一個平常外向的人在看牙醫時，可能會變成無法張嘴的可憐蟲；而一位非常內向的母親，在陌生人靠近她的小孩時，可能會化身為母獅。如果我們沒有考慮個別的情況，僅從行為推斷一個人的性格，就會產生錯誤的解讀。

性格可以測量嗎？當然可以！

科學研究大部分是以問卷或訪談的方式探究內部視角，但如果涉及無法從外部觀察或只能間接掌握的範圍，像是「想法」和「感受」時（當然還有很私密的話題，例如性行為或如廁），「自我表述」就特別有價值。當一個人在哭泣時，我們看得出來他很難過；如果有人在等紅綠燈時，被我們從後方撞上並發出怒吼，我們也能知道他可能很生氣；如果有人當面跟我們說他對我們的看法（可能不如我們預期），也能知道他是怎麼看待我們的。即便如此，我們卻無法只靠手勢、表情和行為去推斷別人內心的感受。因此，為了收集並評估人格數據，調查是必要的（匿名的！）。但同時，這也可能造成錯誤的理解，因為我們不一定總是願意或能夠有條理地揭露關於自己的資訊。也許我們早已忘記或記錯很多事，或是自我認知偏差，以及下意識地想呈現出更好的自己。為了從不同的角度來觀察人格，必要時就得利用其他附加的方法。

當然，最能從外在評斷我們的是親近熟識的人們，所以在科學調查這方面，不僅利用自我表述，也會收集從父母、老師、伴侶、朋友或職場取得的評價。墨爾本大學心理學倫理暨健康學教授西敏．瓦齊爾（Simine Vazire）曾研究，對人格特質而言，哪些資料來源比較有用（參考文獻1）。根據她的研究，如果涉及自我歸因[2]或情緒狀態，例如「自尊」或「憂慮」，自我表述能提供最好的成果；若是關於可評估的表現，例如「智力」或「創造力」，朋友的評價則是最適合的；而對於「健談程度」和「支配慾」等這些透過一對一互動反映出來的特質，不同的資料來源得出的結果幾乎差不多。不過，朋友可能會對我們有偏見而產生扭曲的看法，因此在這種情況下，陌生人的評價會更準確。

另一方面，從外部有系統地掌握一個人的行為模式，也很適合這種經驗性的觀察，但缺點是它相對費力，而且不一定能捕捉到有代表性的行為片段，因為一旦成為焦點，我們就喜歡表現得與平常不同。在這種情形下誰會故意做出糟糕的行為？此外，有誰（除了卡戴珊家族[3]）會願意參加一項必須被追蹤和觀察的研究？（但有傳言指出，這個聲名狼藉的網紅家族在實境秀中描繪出的形象是裝出來的，很令人驚嚇吧？）

拜科技所賜發展出了新穎又有前景的技術，讓我們可以在日常生活中直接研究人格特質。透過智慧型手機，我們可以輕鬆又簡單地多次記錄自己每天的行蹤、做過的事和當下的感受，這樣的即時記錄能防止嚴重的記憶空白或錯亂。此外，也能看出我們的情緒狀況是否會隨著時間和場合產生系統性的波動。我們早上的情緒是否都比較低落，晚上心情最好？而週末則是令人驚訝地正好相反？獨自懶洋洋地躺在家裡的沙發上比較舒適，還是在演唱會上跳入臺下的觀眾群，沉浸在眾人的目光之中比較開心？外向的人通常都比內向的人快樂嗎？

借助合適的工具，我們隨時都可以拍照、錄音和錄影，從這些視覺和聽覺

---

2 為自己的成就或失敗進行因果解釋。

3 卡戴珊家族（The Kardashians），因美國實境節目《與卡戴珊一家同行》而受到全球矚目。

的「行為片段」也能推斷性格：廚房內是否堆著待洗的碗盤？抽屜內的襪子是否按照顏色分類？文具是否對齊桌子邊緣排列？我們說了多少話？音量、音域、語調和選字，如何透露出我們與別人相處的情況？我們享受寧靜，還是喜歡一直開著媒體播放器？可以從音樂的品味看出我們是創新還是保守的人嗎？

不僅如此，智慧型手錶和健康追蹤手環也讓我們在日常生活中持續受到「監測」。姑且不論在個別情況下，這些監測是否總是有幫助、有必要，以及個人資料保護不夠完善的隱憂。這些全球定位系統、距離與步數量測，以及心率、脈搏和血壓等生理數據，確實提供了很有價值的資訊，能解開人格心理學的疑問——特別是當我們將這些資訊與調查數據結合在一起時，我們得以探究：開放與封閉、內向與外向的人之間，運動軌跡有什麼不同嗎？運動量的多寡會改變我們的身心健康嗎？身體數據是否看得出來，我們現在是感到緊張還是放鬆？

最後，讓我們來談談智力、專注力和創造力等能力的測量。和人格測驗相反，這些能力能客觀地被評估，最適合用「表現測驗」來測量。「較好」或

「較差」的結果，取決於個案在測驗中明確地「答對」或「答錯」多少題目。研究指出，主觀的自我陳述與旁人的陳述，和客觀的表現測驗結果往往不太一致。不只在評估「自我與外部吸引力」方面不太有作用（每個人對美的定義都不同，而且在極端情況下還取決於整型手術），自我評價的表現能力有時在嚴格的測驗結果中，也會產生明顯的偏差。

偏差的強度會反覆產生系統性的變化。美國心理學家大衛・鄧寧（David Dunning）和賈斯汀・克魯格（Justin Kruger）就發現，能力強的人容易低估自己的成就，而能力不好的人則傾向高估自己（參考文獻2）。表現較差的人，可能缺少以一定程度的全面視角，適當評估自己表現不足的能力。對他們來說，要辨認和量化自己與更好的表現之間的實質差異，往往是有困難的。「鄧寧－克魯格效應」[4]就指出，不管是否聰敏，涉及自身能力的時候，個人的盲點可能會很大。在對別人的過錯（對方的智商低於室溫！）感到生氣而陷入憤怒的情

---

4 又稱作井蛙現象，是一種高估自身能力的認知偏差。

緒之前，讓我們先暫停（或更久），請記得：我們也有自己不知道卻對別人暴露出來的缺點，一定有的！而這同樣也適用於我們的才能，那些我們常常自認為平庸，卻反過來讓人驚豔的能力。了解自己和自身的外在形象，就是你的優勢之一。

科學觀點

什麼是心理問卷？

如果要捕捉人格特質的特定模樣，大部分的研究都會選擇問卷作為調查工具，它的優點顯而易見：透過問卷，我們可以輕鬆地了解人們如何看待自己和其他人。雜誌上那些常見的心理測驗顯然是不夠的。如果你想知道更多相關資訊，可以翻看本書最後一章的實際操作「如何建構心理問卷」，透過收錄於同一章節內的解析，你將會知道如何計算問卷裡的分數，並理解它們所代表的意義。

繽紛世界真美麗：性格如何豐富我們的生活

人格心理學與生活息息相關，展現在心理測驗中（「你是否有創立教派的可能性？」或是「你能從哪裡察覺到親家對你懷有殺機？」）、在合住公寓裡室友們的爭執，以及家長日上，父母和班導師對孩子有著完全不同的評價（可能同時是「天才」與「怪咖」）。

人格心理學的科學知識，應用範圍驚人地廣泛且多樣。除了為情緒問題、伴侶危機、職涯抉擇及晚年危機所尋求的心理治療與諮詢提供幫助，人格心理學對學校、教育和課堂來說也很重要，因為它能判別天資聰穎或學習障礙、辨別特殊才能並為孩童打造個人化的支持。在商業中，則可作為人員聘用及員工發展的方法，例如應用於評鑑中心法[5]和領導力的訓練。在行銷方面也扮演了關鍵角色，使廣告內容引發目標客群的興趣並滿足其需求。（即使我們要到買了三個一模一樣的蛋糕模，或為根本不存在的陽臺添購了無數件商品後，才會希望自己不要再受到影響。）在相親的場合，性格簡介能用來尋找個性匹配的真愛，在法庭上則能作為駕駛能力或刑事責任能力的鑑定。最後，同樣重要的是，當我們想要改造理想的性格，或至少想知道該怎麼做時，人格心理學研究的最新發現也會變得相當有趣。

更多資訊：請看 Chapter 11〈打造五星人格特質——我們能「調整」人格嗎？〉

人格心理學有什麼用？

人格心理學對於日常生活的人際互動也非常有幫助。我們不只是外表上的身高、膚色和身形有所不同，內涵也不一樣。如同科隆人所說的：「每個傻子都不同。」不同，並不是更好或更差，而是像一句德國北部俗語所描述的：「他眼中的貓頭鷹，是另一個人眼裡的夜鶯。」（青菜蘿蔔，各有所好。）但這往往不簡單，因為我們不是一直都能理解自己與他人的差異，而人格心理學則以令人印象深刻的方式，呈現性格能有多少不同的版本，以及為何會如此。舉例來說，內向的人會因為同齡的外向者太過熱情而感到精疲力盡，他們往往招架不住，並納悶外向者怎麼可以這麼吵鬧刺耳又有活力，只求惱人的對方可以趕快冷靜下來。另一方面，外向的人則對內向者的安靜氣質很感冒，認為他們漠不關心、冷漠又麻木不仁，無法理解為何眼前這個提不起勁的人，就是無法坦白說出實情。當我們對這些差異沒有概念也沒有說明時，就會隨意地根據自己的行為而覺得對方很「奇怪」。但如果明白這些人格特質的差異與「外向性」有關，我們就可以為它取一個相符的名稱。此後我們也能了解到，內向者的大腦對外部刺激的反應比較敏感，與能接收更多刺激的外向者相比，很快就會超出他們的負荷。

因此，人格心理學能幫助我們以更寬容和尊重的態度和他人相處，特別是

---

5 評鑑中心法是一種標準化的評估方法，透過行為上的模擬，預估未來在類似情境中可能採取的行為，以衡量一個人的潛在能力。

當我們再次覺得對方的行為荒謬到無以復加的時候，心理學能讓我們冷靜下來。老實說，我們經常在生活中遇到這樣的情況不是嗎？其他人可能不像我們這麼敏捷或細心，這麼衝動和坦率，或這麼深思熟慮又處世圓滑，這麼吵鬧或安靜。但從研究中我們得知這其實是一件好事，因為每種人格特徵都有優缺點：當內向者閉門思索想出絕妙點子時，外向者則在熱愛的舞臺上為了娛樂大眾而賣力演出；當自信的人談成一筆划算的汽車交易時，認真的人則研讀購買合約上的印刷小字；外放的人從充滿異國情調的地方帶回紀念品時，欣賞儀式與傳統的保守者會為這些東西在內嵌的櫥櫃中找到一塊小空間。如果我們都一模一樣，那不只是無聊到令人打呵欠，更是一場徹底的災難！將沒有人可以彌補我們的缺點，我們既無法向別人學習，也沒有機會從另一個角度來認識這個世界。（更不用提那些紀念品，根本沒人會買，也不會被安置好！）簡單來說，多樣性是充滿價值的，幫助我們彌補彼此的不足，並豐富了全體人類。

動腦時間：在哪些狀況或情況下，你會在工作或生活中，遇到「思維」與自己不同的人，並因此讓你的感覺豐富了起來？

換你試試看！

「我看的到」和「你看到的」：內部視角VS外部視角

正如你所了解的，我們在日常生活中，大多理所當然地以為別人眼中的自己就像我們眼裡的自己一樣。事實上，「內部」和「外部」視角之間存在著很大的差異。想像一位釣客對你形容他剛剛捕獲的驚人大物：「簡直大到我張開雙臂都抓不住！」然後與他帶回來的那條小魚相比較；想像一位母親抱怨兒子有多邋遢又雜亂無章，接著看看他工整的作業。這就是我們所要討論的差異。

請挑選一位（或很多位）準備好和你一起玩性格小測驗的人，可以是你的父母、兄弟姊妹、伴侶、朋友、熟識的人或同事。請每個人都寫下

「他或她是怎麼看待自己和其他人」，問題包括：你們會怎麼描述自己的性格？哪些性格對你們來說是特別獨特的？你們藉由哪些「特殊性格」脫穎而出？別人又是哪部分特別出色？請各自（從你們的觀點）寫下密切相關的特質。

接著請比較你們寫下的內容，你們的自我和外在形象有多相符？哪部分有差異？你們的觀察是根據哪些經驗？彼此交換一下想法吧！

個人主義者彼此多少都有關係。

——亞歷山大·艾勒斯（Alexander Eilers），德國哲學家

Ch.2

解密五大人格特質

哪些因素決定了我們的性格呢？事實上，有許多原因要考慮。包括特定的能力（例如智力和社交能力）、情感與動機特徵（例如需求和動機、價值觀與態度），以及所謂的「自我效能」（認為自己的行為對世界和其他人「有作用」的個人信念）和「控制點」（自己能掌控生活的信念）；此外，還有自尊和主觀幸福程度。但最重要的，可能是「五大人格特質」——五種區分大部分心理差異的基本人格特質，分別是對新經驗的開放性、盡責性、外向性、親和性和情緒穩定性。

五大人格特質的起源

人格心理學的發展初期一片混沌，無數種人格特質描述，既沒有統一的名稱，也沒有任何系統性的基礎，這讓我們進行比較研究時變得難上加難。為了建立分類系統，有人提出了這樣的問題：能辨別彼此差異的「核心特質」是什麼？為了找出這些特質，並確保不會忽略任何重要的細節，我們利用所謂的

「詞彙方法」。這個方法假定我們的語言能呈現所有的人格特質，因此形容詞被視為辨識性格基本特徵的基礎。

美國心理學家高爾頓．奧爾波特（Gordon Allport）和亨利．賽巴斯汀．奧德伯特（Henry Sebastian Odbert）完成了真正的創舉，他們是第一位在一九三六年就研究英語辭典中所有關於人格特質的形容詞、分詞與名詞的人（參考文獻3）。更確切地說，他們使用的是一九二五年收錄了約五十五萬字的《韋氏新國際英語辭典》，並得出約一萬八千字的成果（一項不使用電腦的驚人壯舉，奧爾波特形容這是「語義的噩夢」）。他們從中建立了四個分類：「暫時的狀態、情緒或行動」（歡呼、嘀咕、尷尬的、忙亂的）、「強烈的價值判斷」（微不足道的、可接受的、有價值的）、「身體特徵」、「表現特質和天賦」（笨重的、瘦弱的、紅髮的、能幹的、有天賦的、多產的）以及「人格特質」（好鬥的、內向的、善於社交的）。為了找出更普遍的因素，他們以統計學的方法，研究最後一個類別約四千五百字的相似結構。

以這個詞庫為基礎，我們終於能確立五種基本人格特質，也就是所謂的

「五大人格特質」。貫穿本書的它們，也被稱作「五大因素模型或海洋模型」（OCEAN），這個朗朗上口的縮寫是由英語的字首所組成：

經驗開放性（Openness for experience）
盡責性（Conscientiousness）
外向性（Extraversion）
親和性（Agreeableness）
神經質（Neuroticism）

這實在令人難以置信，數十億人的人格結構透過五種特質就能描述！如此一來，本章開頭哲學家暨格言作家亞歷山大．艾勒斯筆下的引文就得到了有力的證明。

五大人格特質的基礎

五大人格特質現在很受歡迎！它們開始出現在許多不同的研究、語言、國家與文化中，被認為是非常穩健的系統。「穩健」在科學中代表一種基礎穩固的知識，可靠且總是能一再被證實，幾乎已經能被當成事實。（由《瞞天過海》三部曲[1]取得的成功票房可見其熱門程度，好萊塢遲早會把這個有趣的題材拍成電影！想像一下，故事講述五位機智、聰明又無所不能的專家，帶著不經意流露的幽默和可愛的特質，共同破解「人格密碼」。讓喬治・克隆尼（George Clooney）飾演的「Oliver Open」，布萊德・彼特（Bradley Pitt）飾演「Early Extrovert」，這絕對會是一部賣座的巨片！」

這五個人格特質，是所謂的「程度特質」，意味著它們在每個人身上會展現出不同的強弱變化。我們都擁有這五種特質，只是強度不同，所以不存在著

---

1 電影原名分別為：*Ocean's Eleven*、*Ocean's Twelve*及*Ocean's Eight*。「Ocean」在片中指的是主角的姓氏名稱，與五大人格特質無關。

絕對外向或內向的人（儘管在本書的極端情況下，有時為了更容易懂，我們會這樣使用）。相反地，從「非常內向」到「非常外向」的量測範圍之間，包含了無數個點，從中會顯示個別的強弱變化。

經驗開放性：是心智複雜度的一種指標。心態非常開放的人，通常都富有創意、獨創性、創造力和想像力，他們對各類知識的興趣廣泛，不論是哲學、世界觀或政治，他們對各種形式的想法與概念都充滿好奇並保持開放的態度。每一種美學的表達方式，像是藝術、音樂或文學都賦予他們靈感。比起例行公事，他們更喜歡變化，樂於嘗試新事物，不論是活動、飲食或室內裝潢，也難怪他們喜歡旅行、認識其他國家和不同的文化。

相比之下，比較不開放的人則更傳統且保守。他們在例行公事中感到自在，喜歡熟悉的事物並尊重傳統，比較無法接受未知的事物。比起新的思想刺激，寧願選擇熟悉的事物。

另外，人格特質的開放性是指心態上的，而不是社交開放性。因此，這不是指我們在社交場合敞開心扉去認識新朋友的狀態（那是外向性），而是指我們對未知且非常規的事物感興趣。就這層意義來說，開放的態度通常與智力或創造力等能力密切相關。當然，也有喜歡傳統、不太接受異國事物，但對這些知識感興趣的人。我們都認識這樣一位「保羅叔叔」，雖然他一輩子都留在家鄉，只去過黑森林度假，但卻了解人生、對每件相關和無關的事都清清楚楚。

盡責性：指的是行為中目標導向的衝動控制。因為太陽很大，我們想去吃冰淇淋，但如果還沒完成工作，盡責的我們不會屈服於這股誘惑，而是會讓欲望臣服於我們的長遠目標。可惜的是，讓我們能發揮盡責性的關鍵角色，向來不是冰淇淋，而是當我們井井有條、有架構、可靠又有規畫的時候，才能順利實踐目標。很盡責的人都是有決心、堅定、精確又有條理的，他們能掌握自己的生活，住在整齊且一塵不染的公寓裡。可靠、勤勉、肩負責任感是他們的優點（他們可以在訪談中毫不害臊地說出來）。

不盡責的人比較不謹慎、不細心也不那麼精確，但這也讓他們較能接受不完美並容忍錯誤。一絲不苟、完美主義和強迫症等問題，在他們生活中扮演的角色沒那麼重要，混亂女王或國王還是能過得很清爽、舒適又討人喜歡。只有在指望他們完成一件事——而且要準時的時候，他們才會顯得尷尬。

外向性：指的是我們是否尋求與他人的互動，以及有多積極地參與，這種情況指的就是「社交」行為。外向的人善於交際、樂於社交，喜歡講話而且話很多（有時候對周遭的人來說是種折磨），成為眾人目光的焦點也不是問題。他們在社交上占據主導地位，主動、熱情又歡樂，派對和大型活動是他們的舒適圈。

當外向的人需要且享受周圍的喧鬧時，內向的人則對此感到疲憊不堪，他們明顯更安靜、內向又拘謹，但也因此能長時間專注於一件事情上。他們並不渴望整天和其他人待在一起，反而喜歡且能與自己處得很好，或是喜歡和少數親近的人相處。由於他們對刺激的反應更敏感，所以社交後需要給自己時間和空間找回內在。當許多外部刺激同時找上門時，他們很快就會被壓垮。

順帶一提，因為日常中我們太常使用「extrovertiert」（外向）[2]這個字，導致它現在已被收錄在《杜登德語辭典》裡，但一開始「內向」是寫成「intro」，而「外向」寫成「extra」。很重要的一點是，不要把內向和害羞搞混。害羞的人害怕社交、缺乏自信且有拘束感，這些不一定都適用於內向者。內向者對於安靜與獨處有強烈的需求，否則很快就會感到過度刺激，但這不代表他們是害羞的人。

親和性：可以理解為個人在團體中的取向。像是：我們和別人相處時會怎麼表現？我們是否注重和平與和諧，還是不怕爭執與衝突？其他人喜歡接近我們嗎？還是會因為我們暴躁的脾氣而寧願保持距離？親和性高的人友善、樂於助人、熱心、和藹又容易相信別人，他們仁慈、善解人意且心胸寬大（具備這些特質的同時還很謙虛），重視和諧的關係，並且努力和他人和睦相處。

不親和的人則比較冷淡多疑，比起合作和熱心相助，他們更喜歡競爭，這也代表他們更能在協商或爭論中達到目的。他們不介意在外部阻力面前表達自己的意見，因為他們不害怕衝突。這樣的優點是他們可以公開並及時處理分歧

---

2 德國人長期把「extravertiert」誤植成「extrovertiert」，久而久之積非成是，已收錄德語辭典成為正式詞彙，兩者用法與語義相同。

的意見，避免衝突加劇。

神經質：意味著負面或不穩定的情緒。情緒不穩定的人對壓力的反應很敏感，往往會因此而感到不堪負荷。不愉快的事件輕易就能「觸發」他們，讓他們失去平衡。他們更容易感到不滿、喜怒無常、緊張又敏感、缺乏安全感、不知所措且容易焦慮或悲傷。儘管如此，他們充滿憂慮的性格還是有優點的，像是能留意危險、辨識風險並及時採取對策。

相較之下，情緒穩定的人沉著冷靜又放鬆，他們平靜自在、充滿自信且能夠妥善應對生活中無法預測的大小事，堅韌的性格讓他們不易被打亂步調。簡單來說，當情況變得嚴峻時，他們仍然可以保持鎮靜。

此外，為了避免使用「神經病」（Neurose）這個詞，我們通常會說這是情緒不安定或不穩定，與其相反就是情緒穩定。從歷史上來看，神經病的概念來自西格蒙德·佛洛伊德（Sigmund Freud）等人的深層心理學，它的定義模糊且負面，因此並不中立。

構成性格的其他特質

當然不只這五種，還有其他一系列的人格特質。五大人格特質確實能夠描述人與人之間廣泛的差異，卻也難免有些表淺。只憑這五種特質無法完整刻畫性格的複雜性與多面性，但也已經相當實用了。讓我們來看看，對於「幸福生活」、「應付挑戰」和「生命事件」來說，還有哪些特別重要的人格特質吧！

自我效能：是指我們是否相信自己能順利完成對於實現重大目標具有重要意義的任務。舉例來說，我們是否相信自己能在短短兩個月內準備好一場出色的自我展現（報告、求職面試、考試等，可在此放入任何挑戰）。自我效能與實際的能力無關，而是指我們相信自己會成功的信念。在過程中，信念和能力是相互影響的。如果過去曾輕鬆克服難關，那我們就更相信這次也會成功，正是這種信念提升自己的成就。這也是為什麼我們面對挑戰時不僅會更有自信、更令人信服，也更有動力投入時間和精力做準備，因為我們堅信，這確實能夠實際且有效地影響表現。高度自我效能的效果，基本上就像一個自我實現的預言，即使不喝能量飲料也能強化又激勵人心。

自我效能針對不同領域會產生不同的作用，也就是說，在個別的情況下會產生不同的效果。因此，即便我們相信自己絕對能解決這個挑戰，但我們卻可能會懷疑自己能否順利化解家庭內部的紛爭。

控制點：指的是掌握我們生活的人或物。具有高度內部控制傾向的人，堅信他們能掌控自己的生活；而高度外部控制傾向的人，則認為命運受到運氣、上帝或其他有權勢的人左右，自己是無能為力的。控制點近似於自我效能，但更全面，且涉及的是生活總體而不是特定的具體任務。

內部控制和外部控制傾向是同一種人格特質的兩個極端值嗎？還是兩種不同的特質？這點連專家們也意見分歧。至少部分研究指出，一個人可以同時擁有高度的內部與外部控制傾向（參考文獻4）。例如，有些人儘管認為他們能掌控自己的生活，但同時也非常虔誠且相信命運，這證明內部與外部控制傾向是兩種彼此獨立的人格特質。

自尊：是我們對於自己感受上的評價，也就是我們是否對自己感到滿意，以及我們有多喜歡自己。自尊和心理狀態有相當密切的關係——患有憂鬱症或其他心理疾病的人，他們的自尊通常非常低。比起低到在地上拖的自尊，高到超越頭頂的自尊更能迎合我們的心靈（在不完全失去與現實連結的狀態下）。但不只要有高度，穩定性也很重要：它是否會在短時間內產生波動？會不會今天自尊還很強，明天就變得很弱？這些短期波動有多大程度受到外部因素影響？當我們取得成功或受到吹捧時，自尊會像火箭一樣直衝天際嗎？當我們遭遇失敗或批評時，會直線滑落到地底嗎？幸運的人擁有穩定的高度自尊，他們像不沾鍋，他人的拒絕或敵意無法沾附其上。在理想的情況下，他們能建設性地接受批評，而不會自尊受損。這項能力非常寶貴，畢竟，當生活不順利時，我們更需要透過喜歡、鼓勵自己，才能重新振作起來。

科學觀點

魔鏡啊魔鏡，自戀是什麼？

順帶一提，強烈的自尊和自戀一點關係也沒有。高度自戀的人追求維持華麗的自我形象，他們照鏡子時最想看到的是：不論何時何地都能向外展現的完美無瑕。多虧了社群媒體，如今的自戀者不必像這種人格特質的命名來源——希臘神話少年納西瑟斯（Narziss）一樣，只能愛慕地凝視自己的水中倒影；他們可以透過極限的姿勢和瘋狂的自拍盡情展現，也可以將投入龐大花費所創造的完美外表一鍵分享給全世界（只需要等待上傳）。研究顯示，平均而言，自戀的人更常在社群媒體上傳自拍照、更新近況或發表言論，花更多時間在相關平臺，並且也有更多的社群朋友或追蹤者（參考文獻5）。

然而，對於天生自戀者來說，僅僅相信自己是獨一無二、偉大且優於他人是不夠的；與擁有高度自尊的人不同，他們還渴望得到肯定、讚賞和權力，並且需要透過貶低他人來提高自己的價值。即使從外表看不出來，但他們核心的自尊其實是脆弱又敏感的，必須在對抗中取得優勢來保護自己。美國前總統唐納・川普（Donald Trump）在推特等社群媒體上營造出「引人矚目」的形象（受到矚目的當然不只這一點），就是一個鮮明的例子。

說到用魅力誘惑他人，自戀者是真正的專家，然而這只在一開始有用，因為長久下來，他們會露出全然不同的另一面。這在戀愛關係中可能是致命的，雖然一開始我們會從四面八方得到自戀者的愛情轟炸（藉由過度表達關注與好感來操控），但之後可能會變成貶低、侮辱、有毒的猜忌、攻擊或甚至是暴力。

主觀幸福感：指自己對生活的個人評價，包括兩個部分——認知與情緒。「認知幸福感」與生活滿意度有關，從非常不滿意的0分到非常滿意的10分，我們對目前的生活有多滿意？如聯合國《世界快樂報告》一再顯示的，多數人對生活的滿意度介於3分至8分之間，平均為7分（參考文獻6）。其實我們都知道生活可能會變得更糟糕，但同時也看到好轉的餘地。

「情緒幸福感」則不是從理性評斷，而是我們在日常生活中的感受。在一天之中，我們多常感受到正面（例如快樂與幸福）及負面（像是悲傷、恐懼和憤怒）的情緒，而這些情緒又有多強烈？

我們對生活的滿意度和情緒幸福感的關聯比較小，這是因為從理性和整體的角度來看，儘管常常心情不好，我們仍然可能對生活感到滿意（我們會裝出沒事的樣子，以「沒問題！」或「當然！」來回應這個問題）。反過來說，我們也可能每天都過得很幸福，卻同時認為生活還有改善的空間。

此外，在情感層面上也有交織的關係：正面和負面的情緒雖然相關，但仍然是彼此獨立的。這表示負面情緒可能跟著正面情緒一起出現，反之亦然。例如在某些情況下，我們可能同時感受到至高的幸福和沉痛的悲傷，像是得到了一份夢想中的工作，卻同時必須離開原本的朋友圈，搬到陌生的城市。也有些時候，我們並沒有特別強烈的正面或負面感受，只是有點麻木地過日子。負面情緒還包含多種感受，有些彼此之間存在著顯著差異，例如悲傷的感覺，和害怕或生氣的感覺就完全不同。

顧名思義，主觀幸福感是個人的經歷，而不是客觀的狀態。（有趣的是，主觀幸福感和身體健康的「客觀」指標沒什麼關聯。）它既能被當成心理健康的指標，也能被視為一種人格特質。原因在於即使是相似的情況下，人們的主觀幸福感也會有很大的差異。個人內心與生活的整體幸福感，受到外在狀態影響的程度，並不如我們乍看所以為的那麼大。這部分我們後面會再說明。

動腦時間：請花一分鐘，安靜地思考一下，你會如何評價自己的生活？你會在認知幸福感的滿意度量表中幫它打幾分？每天的感受比較起來有什麼差異？哪些感受占上風？

科學觀點

基因與環境：我天生就這樣，怎麼了嗎？

所謂的人格特質既不全是與生俱來的，也不全是後天習得的，而是受到基因、環境和這兩種因素相互作用的影響。在特定的基因編排下，每個人對同一種情況會有不同的反應和處理經驗，好像我們天生就不一樣。如果生性敏感，那麼童年的壓力經驗對個人發展產生負面影響的機率，就會遠高於生來就比較堅強的人。

根據粗略的經驗法則，性格大約有三分之一取決於基因，但因為基因和環境是以複雜的方式相互作用，所以我們很難量化這個比例。（更不用說遺傳因素的比例會隨著人格特質而有所變化。）性格在重大的人生事件前後幾年會產生變化，這意味著除了遺傳基因，經驗也在塑造我們的性格——不只是童年時期，而是一生都在影響著！

換你試試看！

你的五大人格特質

想知道你身上的五大人格特質組成有哪些嗎？完成本書最後的問卷，找出你的答案吧！

人生就像一盒巧克力，

你永遠不知道會嚐到哪種口味。

——《阿甘正傳》，美國電影

Ch.3

性格如何影響我們的生活

上一頁的臺詞雖然經常被引用，但阿甘這個好傢伙說的這句名言是錯的。生命讓我們歡喜或悲傷的驚奇作用，根本和我們一點關係都沒有，純粹是命運的無常，也可能是一種帶來安慰的想像。然而，大多數的生命事件遠不如這句名言暗示的那樣偶然、任意又隨便。我們的經歷和性格緊密相關，直接影響我們的思考、感覺、行為，進而影響了日常生活的各個方面。性格會影響我們在生命中是否更有可能經歷某些事件。

心理與身體健康

五大人格特質的組成，會影響我們的身心健康。特別是外向、穩定的情緒和盡責等特質，影響尤其大（參考文獻7&8），讓我們逐一來看。

情緒穩定的人較少經歷負面的感受，他們很少感到緊張、憂心或悲傷，因此患上焦慮症或憂鬱症的風險也比較小。相比之下，情緒較不穩定的人容易透過不健康的行為來抵消壓力，他們會用食物安慰自己，用電視、酒精或藥物來壓抑負面情緒。這在短期內可能很有效，但長期下來會得到「報應」：壓力不減反增，最後不只是心理，連身體也會受到傷害。難怪平均來說，情緒不穩定的人更容易生病，甚至更短命。

外向的人可能更常吸菸和喝酒，但這麼做不是為了擺脫壓力，而是因為他們喜歡社交。他們經常參加鼓勵——甚至是要求這種行為的社交場合。我們很少在酒吧裡遇到拿著無酒精飲料的人，以及在派對上冒著被當怪人的風險而拒絕喝酒的人。（連好心的東道主在這方面都不妥協，只有無懈可擊的原因才能拒絕喝酒，像是需要長途開車、懷孕或要進行腦部手術。單純對喝酒沒興趣這個理由很難被接受，其他人會將其視為挑戰而勸我們喝酒。）善於交際的外向者，當然也有除了酒精之外良好的一面，那就是活潑又明快的天性，讓這類型的人能獲得比較多的正面感受，他們會更開心，在生活中也更容易感到幸福。

開放的人格特質看起來又是如何呢？開放的人充分利用了好奇心、創意和靈活度，對他們來說，適應新事物和解決問題很簡單，因此能讓壓力降低。而且他們充滿求知慾、追求發展和自我實現，這幫助他們獲得幸福的生活。然而，他們也對毒品等成癮藥物感興趣——因為新事物挑動著他們的神經，這也是為什麼他們覺得不尋常的感官體驗特別吸引人。

親和度越高的人比較少遇到爭執，也比較少生氣，大家都知道這對腎上腺素和血壓有益，這也能解釋為什麼他們罹患心臟病的風險比較低。

最後，**盡責的人**明顯握有王牌（參考文獻9）：他們過得比較健康、吃得更營養也更常運動，不沉溺於成癮物質，而像個模範生似的找醫生進行預防性檢查。一旦出現健康問題，他們會主動進攻，而不是等到死神揮舞鐮刀時才有所反應。另一方面，這也對他們的預期壽命產生正面影響。

科學觀點

盡責的人活得更久

美國一項長期實驗令人印象深刻地展示出，盡責性和預期壽命之間的關聯（參考文獻10 & 11）。約有一千兩百名在一九一〇年出生於加州的孩童，在十一歲時接受父母及老師的性格鑑定後，研究團隊持續追蹤他們到退休。結果顯示，責任感較低的人往往比較早逝，反之，盡責的人活得更久，因為他們比較少喝酒，並且戒菸、知道要吃得營養，也比較少捲入事故中。關於最後一點，也許是因為他們更遵守交通規則。

社交互動

情緒不穩的人身處壓力時，他們身邊的人遲早會察覺到，因此，緊張的家庭關係、陷入危機的伴侶關係和職場衝突就難以避免了。（除非他們的社交圈全是不讓任何挑釁接近自己的聖人或冥想專家。）情緒不穩的人不只對生活，對人際關係也特別不滿意，所以他們的親密關係不太穩定且容易破裂。

另一方面，**外向的人**則因為他們迷人的外表和歡樂的天性而受到大家的喜愛，主導力和強大的貫徹能力為他們贏得名聲、榮譽和威望，因此他們有很多朋友，也享有較高的社會地位。與此同時，他們也更頻繁地更換交往對象，也許是因為被視為白馬王子或白雪公主的他們，很難從追求者中全身而退？

開放的人興趣廣泛，喜歡有講究的對談和專業的對話，這也是為什麼我們可以在劇院大廳、文藝酒館或咖啡廳遇到正在和知識分子、藝術與文化工作者交流的他們。（這從文化史也看得出來，如果有三、四位熱愛動腦的美學家經常一起去吃飯，很快就會形成一股新的文化思潮，而這對其他人來說只是累積開銷而已。）

親和的人重視和諧，很少遇到人際衝突。眾所皆知，他們是會讓步的聰明人，這可能會有代價，但也會帶來更穩定的伴侶關係。親和力不只是社交能力，也代表適應環境並遵守法規，這讓他們比較少碰到法律糾紛。

教育與工作

由於**情緒不穩的人**承受壓力的能力比較差，他們更常換工作，也更容易過勞。我們會在領導職位或銷售工作中遇到**外向的人**，他們藉著具備說服力的表現獲得成功。**開放的人**在學校、職業培訓或工作中受益良多，因為他們聰明、興趣廣泛且樂於學習新事物。他們的想像力、原創性和創新手法對創意和藝術工作來說特別加分。**親和的人**當然是優秀的團隊合作者，這也是為什麼他們在社會領域工作中，像是幼兒保育、護理或諮詢顧問的崗位上會有良好表現的原因。然而，在工作上維護自己的權益對他們來說並不簡單，透過薪資談判來追求自己的利益更不是他們擅長的事，所以他們普遍薪資較低，也容易在升遷時被忽略。**盡責的人**在學校更用功，像個模範生一樣預習和複習，所以學得更多，也會全力投入於工作中。（就是典型的「自以為是又自以為聰明的討厭鬼」，因此不盡責的人就不太喜歡他們了。）

好人、壞人和小人：性格有好壞之分嗎？

如同長青晚間肥皂劇《好時光，壞時光》[1]劇名所描繪的，實際上也有

「好角色」、「壞角色」嗎？電影或電視劇中的競爭敵手或反派角色，時常被描繪成糟糕透頂的人，他們膚淺、狡詐、貪婪、不擇手段又難相處。相反地，自信的女主角和受歡迎的角色擁有許多讓我們容易產生共鳴的人格優勢，他們沒有缺點，只有迷人的特質和明確的道德感，還對小動物很友善。如今，這種描述方式令人感到不夠細膩，而且忽略了人性中（明顯的）矛盾之處。然而，好人、壞人和小人的性格，或許仍然有所差異？性格能以合理的方式量測嗎？「這樣」的性格比「那樣」的性格來得「更好」嗎？

開放、盡責、外向、親和與穩定的情緒在我們的社會中，普遍被視為正向且符合社會期望的性格，我們直覺認為這些性格能讓生活更順利。這也是為什麼我們希望自己能有「更高」的五大人格特質，至少十位中有九位受訪者是這麼說的（參考文獻12）。

更多資訊：請看Chapter 11〈打造五星人格特質——我們能「調整」人格嗎？〉

一切取決於情況！

我們認為，擁有更高的「五星」人格特質更容易在社會上立足，也比較不會得罪別人。如上所述，具備更高的五大人格特質確實經常能帶來成功，但並非在所有的情況下都是如此。更重要的是，我們要了解到哪些特質對當下的情況是有幫助的。盡責的人更可靠、更有組織也更井然有序，出門時總是知道鑰匙在哪裡；但同時，他們也會出現完美主義和強迫行為的傾向。找鑰匙這件事可能不會阻礙他們準時出門，但他們可能會堅持地板還沒擦乾淨，或再三確認電磁爐是否真的關上了。有些人重視的例行公事讓其他人感到單調乏味；有些人覺得精細的作業疲乏又拘泥，但對其他人來說則充滿價值。人脈廣、熱愛狂歡派對的外向者，在學業上的表現會比較好嗎？還是那些在考試前，能閉關好幾天或好幾週讀書的內向者會更好？一般來說，特定的人格特質越符合情況的

---

1 *Gute Zeiten, schlechte Zeiten*，是一部德國長青電視肥皂劇，自一九九二年開播至今。

需求，結果就會越好。如果逼迫內向者從事外向領域的工作，或反過來讓外向者從事內向特質的工作，對雙方來說都是過分苛求，也會讓他們極為痛苦。

生命是由這些元素組成的！

「上帝有一座很大的動物園」，如同這句話所描述的，如果《好時光，壞時光》這部劇只由五大人格特質較高的角色組成，看起來會如何呢？可能會有很多完美克服生活大小危機的超人和神力女超人，但這樣有什麼娛樂價值？如果肥皂劇裡沒有不斷策畫陰謀詭計，讓自己和其他人陷入衝突的惡毒狡詐鬼，看起來又會怎樣？如果沒有那位肯定會引起混亂和騷動，但又如此討人喜歡，讓大家一下子就氣消的大剌剌混亂女王，這部劇會變成什麼樣子？如果沒有那些天資聰穎但不善社交，擁有許多奇特領域的基礎知識，能駭進任何電腦卻不知如何在派對上閒聊的書呆子，我們還能對誰微笑呢？如果沒有情緒不穩定的浪漫主義者，有誰能應付不斷在熱戀和分手痛苦之中擺盪的雲霄飛車？如果沒有這些角色，就沒什麼元素可以發展出引人入勝的情節。帶著稜角的多樣性格，讓肥皂劇更具有可看性，也讓我們的生命更有價值。

其他受歡迎的人格特質：越多越好

與五大人格特質相比，某些人格特質在廣義上（幾乎）是擁有越多就越有優勢，像是自我效能、自尊和主觀幸福感，都是越多越好！擁有更多這種特質的人更有動力、效率和社交能力，他們通常能獲得較好的學業成績、工作成就、健康（身體與心理），以及更幸福也更穩定的人際關係，這也代表他們更常獲得正向的生命經驗（如果我們把傑出的學位證書、順利踏入職場以及與真命天子／天女結婚視為正向的經歷）。

人格心理學家梅卡・盧曼（Maike Luhmann）分析了數千筆來自德國、英國和澳洲人的資料，結果顯示，對生活越滿意的人，在接下來的幾年內結婚生子的機率比較高，而他們離婚、失業或搬家的機率則比較低（參考文獻13）。這一切都是相互影響的，如同我們即將在接下來的章節裡談到，生命事件會影響我們的性格，另一方面，性格也會影響我們的日常行為、在生活中獲得的經歷，以及我們如何看待並消化這些經驗。

換你試試看！

強化優點

性格沒有「好」或「壞」之分。事實上，每種特質都有優點與缺點。然而，我們總是只看到缺點，任由內心的批判者讓我們變得不安。（就是那位當事情進展得不順利時，喜歡責備我們的人——當事情順利進行時也會指責，因為還可以更好，或是之前就能做好，抑或是很可能馬上就會變糟……）我們經常過度專注於消除這些缺點，而忽略了它們的另一面。真可惜，如果聚焦於自己的優點，並以此為基礎來發展，不僅更簡單適切，也非常有用，來試試看吧！

列出你的個人優點清單！

請坦率地寫下你想到的任何優點，不要謙虛！可以放心地把「自吹自擂，令人作嘔」這句話扔掉（謙虛在這種情況下不是優點，而是你的損失）。如果不確定自己是否真的有某項優點，還是寫下來吧——你就是有！為了避免你輕率地忽略自己重要的性格優點，後面有一系列（補充的）優點詞彙。請記下所有和自己相符的特質，加到你的優點清單中，當然，你所想到的相似特質也都歡迎列進去。

你喜歡什麼？擅長什麼？

此外，請想想看，工作和生活中的哪些任務、工作或活動，是你很喜歡或特別擅長的？這些事情需要具備哪些能力或才能？這些事情極有可能就是你的優勢！（即使我們認為自己做不到，卻還是很感興趣的話，通常就會表現得比預想中好！）

你最喜歡的人怎麼看你？

我們一直都是自己最嚴厲的批判者，其他人反而會以比較正面的眼光來看待我們。請和你最愛的人一起看看後面的優點清單，他覺得哪些正向特質完全就是在說你？對方注意到哪些你自己根本沒察覺的優點？這些明顯是你未來可以多加關注的「盲點」。

將你（自以為）的缺點變成優點！

在許多情況下，優點與缺點是一體兩面，讓我們翻到缺點的另一面，來看看優點吧！請記下你不喜歡自己的哪些特質，然後思考一下，反過來作為優點的話，這些缺點的正向意涵會是什麼？請寫在旁邊，像這樣：

苛求的—有抱負的
懶惰的—放鬆的
追求和諧的—善於交際的
衝動／急性子的—熱情的
遷就的—願意妥協的
粗枝大葉的—輕鬆的
天真的—不帶成見的

頑固的—堅持的

激動的—活潑的

過分敏感的—感覺靈敏的

不顯眼的—不張揚的

封閉的—有傳統意識的

強迫的—有架構和組織的

從外部觀察你（自以為）的缺點！

我們對待他人不會像對待自己這麼嚴厲，所以改變觀點，把自己當成別人來觀察是有幫助的。請想著那位你無條件愛著的人，想像一下，他表現出那些你在自己身上不喜歡的特質，你還會認為這些特質不好並加以批評嗎？或是你覺得「完全沒那麼糟糕」，甚至還能找到這些特質正向和可愛的一面？

把你的優點清單放在顯眼的地方！

既然，你現在已經握有這份列著個人優點的美妙清單，建議你不要草率地把它扔進紙簍裡，而是要放在顯而易見的地方，像是櫥櫃上或鏡子旁邊。這麼做的話，你就會一直看到自己的優點，並突破內心不間斷的批評獨白。這份優點清單從廣義上來看，也有助於提升你的人格特質（也就是越多確實越好的特質）。它們是靈魂、你的自尊和主觀幸福感的慰藉！

個人優點的靈感清單

喜歡冒險的	細心的	有抱負的
善於分析的	適應力強的	開放的
專心的	有毅力的	穩健的
可靠的	深思熟慮的	熱情的
堅持不懈的	沉著的	謙虛的

善於處理人際關係的
有決斷力的
雄辯的
積極投入的
公正的
勤奮的
友善的
有耐心的
有正義感的
真摯的
有禮貌的
善於思考的
樂於合作的
有藝術天賦的

感激的
真誠的
有同理心的
放鬆的
富有想像力的
靈活的
體貼的
泰然自若的
慷慨的
樂於助人的
幽默的
健談的
有創意的
活潑的

有紀律的
善解人意的
精力充沛的
樂於嘗試的
感覺靈敏的
專注的
有教養的
精確的
開朗的
信心十足的
鼓舞人心的
能幹的
有批判性的
樂於學習的

深情的　隨和的　忠誠的
有同情心的　激勵人心的　勇敢的
寬厚的　好奇的　坦率的
樂觀的　井然有序的　善於組織的
獨特的　有計畫的　理性的
深思的　尊重的　安靜的
善於應對的　自信的　有社交能力的
靈性的　自發性的　有邏輯性的
有膽量的　有團隊合作能力的　充滿熱情的
寬容的　有傳統意識的　有道德的
考慮周到的　謹慎的　直率的
不守舊的　有趣的　不帶偏見的
有責任感的　充分理解的　有遠見的
熱心的　有先見之明的　懂得珍惜的

好學的

目標明確的

可信賴的

詼諧的

滿足的

有信心的

友善的

平易近人的

二十歲時，每個人都有上帝賜予的臉；
四十歲時，是生命賦予的臉；
六十歲時，則是自己應得的臉。

——阿爾伯特·史懷哲（Albert Schweitzer），德國醫學家

Ch.4

性格與我們一起成長！

幸運的是，我們不會一直保持生下來時的樣子。我們的身體深刻地指出，生命不斷在變化，而這些變化是更好或更糟，則取決於觀看者的眼光。說到眼睛，當周圍的一切都在成長——首先是長度，接著是寬度——我們的眼睛卻是唯一保持相同大小的身體部位。等我們不再對青春痘生氣，就會開始因成熟的皺紋而感到憂傷。光顧過兩千場派對、酒席和酒吧後，儘管經過大量的訓練，我們的肝臟卻突然不再像以前一樣能負荷。經歷兩千個小時的瑜伽課後，儘管年齡增加了，但總體而言，我們的身體也變得更有彈性、更柔軟。生命不是靜止的狀態，而是一個過程，我們的性格就像身體一樣可塑。讓我們來看看，性格在一生中會如何變化吧！

童年種下的「因」和結出的「果」

「跟他爸一個樣」，注視著嬰兒車裡正哭得聲嘶力竭的嬰兒，我們低聲說道。當他的哭鬧變成微笑時，深深地觸動我們，意識到這包尿布裹著的不只是一團皮膚、骨頭和大腦，而是父母用生命經驗開心地在上頭塗抹的畫布。可以將孩子想像成是有著小翹鼻的「入門組合包」：性格尚未完全建立，但已具備基本特徵。一個機智又好奇的孩子，很可能會長成一個開放的成年人（不過可能會因為在青少年時期變成冷漠的「沙發馬鈴薯」而繞一點遠路）；拘謹又靦腆的孩子，不太可能變成在學校裡落落大方與所有人攀談的風雲人物。直到進入成年期，嬰兒時期已建立起的基本人格特質都還會持續變化。

氣質從爬行墊上就看得出來

這些基本特徵也被稱作「氣質特徵」。在心理學裡，我們認為氣質特徵是能在生命初期就觀察到的人格重要面向。新生兒可能看起來都長得差不多（對他們驕傲的父母來說當然不是這樣），但他們的反應和行為已經有很大的差異。我們擁有（曾經是）最棒的孩子，容易照顧又總是很快樂；與此同時，鄰居的調皮鬼們正聲嘶力竭地哭喊，很難平靜下來，快把他們的父母逼瘋。（鄰居可能也有同樣的想法——只是情況剛好反過來。）

氣質主要取決於遺傳與生物學等因素，被視為非常穩定的成人性格前兆。總是開開心心的嬰兒，大多會成為快樂的大人；而難以安撫的嬰兒，則可能變成敏感易受傷的人。因為過度哭鬧與餵奶、餵食或入睡不易，而患有幼兒情緒調節障礙的孩子，未來更有可能在生活上面臨心理問題。然而研究也表明，氣質特徵有時不若眾人以為的這麼穩定（參考文獻14）。至少在某些情況下，高敏感的嬰兒確實有可能成為堅強的鬥士；而害羞的孩子則會變成熱愛鎂光燈的人，沒有人能阻止他——儘管這只適用於少部分的人。

氣質的多面向

氣質與正面和負面的情感、情緒起伏、刺激敏感度、自我調節、反應強度，以及專注與分心程度有關。我們有多常感受到像是喜悅等正面情緒，以及悲傷、恐懼和憤怒等負面情緒呢？這些感覺有多強烈？我們在每一種情緒狀態之間來回轉換的頻率和速度如何？我們對外部的刺激有多敏感？例如，我們是否非常膽小且容易受到驚嚇？或者沒什麼可以嚇倒我們的？當我們失去控制時，能否順利地調整內在的恐懼與憤怒，並讓自己再次平靜下來？我們是否容易出現強烈的情緒爆發，像是大哭或暴怒？我們是否容易專注於某件事，而不會讓自己分心關注其他事？為了長遠的目標，我們能否順利地克制自己的衝動與需求？

儘管專注力通常要到上學時才會顯露，但在小小孩身上，我們已經能觀察到專注力和耐久力的個體差異。有些孩子可以獨處、獨自玩上許久，也願意嘗試新事物；有些孩子集中精力玩耍兩分鐘後，就大聲地轉向父母、保母或電視討別的樂子。

氣質與外向性和情緒穩定性尤其相關，與其他五大人格特質、價值觀、態度與興趣的關聯較小。如果你問：「耐久力和容易分心的程度，不也與盡責性有關嗎？」那麼恭喜，你有觀察到這裡的變化是流動的，所以我們很難嚴格區分氣質與性格。有趣的是（就像上述盡責性的情況），雖然智力有很大一部分取決於基因，在生命的初期就能被觀察到，並且相當穩定，但也不被視為天生的氣質特徵。聰明的兒童在嬰兒時期的反應就已經比較警覺又快速（這對父母來說不見得是個優點，如果他們來不及在孩子釀禍之前阻止）。如果孩子兩歲時就能說法語和中文，四歲時能正確地書寫，六歲時能向大人解釋微積分，那麼高中畢業會考對他來說應該也像散步一樣簡單。

科學觀點

行為抑制——抱歉，這是什麼？

「行為抑制」是氣質研究中，人們研究得特別深入的部分。它的意思是，我們在陌生的社交場合和非社交場合上，是否更容易感到膽怯或拘束。讓我們回想在幼兒園的頭幾天：如果孩子安然無恙地度過，爸爸和媽媽就可以獲得一些寶貴的時間（他們很少把這些時間花在放蕩的性行為或極限運動上，而是用來補眠、打掃和工作）。但有時候這個安頓的過程卻變化得如此劇烈，讓他們只能不安地在隔壁的咖啡廳等待下課時間，一步都不敢離開。內向的孩子被一群陌生人包圍時會感到有壓力，當樂高遊戲區堆疊起新的世界時，比起開心地上前玩耍、熱切參與，他們反而會驚慌失措地站在旁邊。他們未來出現（社交方面的）焦慮症風險也明顯更高（參考文獻15）。

心理學研究深刻地證明，童年早期出現的高度行為抑制會留下長期的痕跡，十幾年後都還測量得到。最近發表的研究指出，十四個月大的嬰兒越是羞怯，進入成人期後，會比較少和家人與朋友保持良好的關係，性格更拘謹、內向，出現焦慮和憂鬱症狀的機率也比較高（參考文獻16）。不過，這些長期的關聯，部分可能與青春期大腦活動的改變有關。儘管如此，我們的人生當然不是無法改變的。科學研究也發現，至少對某些人來說，行為抑制的特質在童年時期會產生驚人的變化（參考文獻14）。

在童年階段，「成人的」性格會逐漸成形。然而大多數的特徵，包括五大人格特質，在這個早期的階段，比起青少年和成年時期顯得更不穩定，可能在短時間內產生劇烈波動。況且，孩童之間的短期與長期變化差異十分顯著，很難找出適用於所有人的發展趨勢。

但有一個非常重要的共同點，那就是他們的大腦在生命最初的幾年尚未完全發育，因此特別具有可塑性。也就是說，他們的大腦很輕易且快速地就能改變，對外在環境影響的反應也很強烈，這也是為什麼（適合兒童的）學習對小小孩來說，真的就像遊戲一樣。不過，兒童大腦的高度可塑性也意味著它非常敏感，嬰兒或兒童時期的壓力經驗會深深烙印在我們的大腦中，並造成長久的傷害（參考文獻17）。

這不僅能從心理上評估，也能進行生理量測。舉例來說，從接受電擊的小白鼠與大白鼠身上，我們得知受過創傷的動物，往後在面對壓力的反應與沒受過傷的動物有所不同，這代表他們的大腦在功能運作上受到永久性的損害。而心理學研究也表明，人類在生命初期所受到的創傷經驗，直到長大成人都還在影響我們面對壓力的反應。值得注意的是，「下視丘－腦垂腺－腎上腺軸」的功能運作，在那些小時候受到嚴重忽略或虐待的人身上產生了變化。「下視丘－腦垂腺－腎上腺軸」是一組身體系統，控制我們面對壓力時的荷爾蒙反應，並調節壓力荷爾蒙——皮質醇的釋放。這個長期的後果也許可以解釋，為什麼那些童年曾遭受創傷的人，面對壓力時的反應會更敏感，在數十年後也更容易產生心理問題。

回到日常生活來看，我們在最初幾年（與在那之後）對待孩子的方式，將影響他們的整體發展。大人的自我人格已成形，幾乎都能以更好的方式應付遭受拒絕或情感傷害的時刻。但兒童的性格仍具可塑性，面對生命中所有第一次的體驗都很敏感。我們提供的充分安全感、情感溫暖及支持，是他們迎接成功未來的最佳工具。當我們對孩子說，我們接受且愛著他們原本的樣子，就是送給他們的一份大禮了。

動腦時間：你還記得至今仍然影響著你的童年經歷嗎？你是否存在著你早就留意到會阻礙你的行為模式？

科學觀點

過去的壓力：源源不絕的毒藥

充滿壓力的個人經驗，會增加未來出現恐慌症狀的風險嗎？這種風險會不會因為童年時期是否有創傷經驗而有所差異？為了弄清楚這個問題，我和格來斯瓦德大學的研究夥伴，一起分析了波美拉尼亞健康研究（Study of Health in Pomerania）中五百七十二位成年人的數據，這是一項針對麥克倫堡－佛波門邦地區的長期人口研究（參考文獻18）。受測者全面回應關於身體與心理健康的問題，其中也包含恐慌症狀，以及成人時期是否曾經歷過嚴重的壓力事件，像是離婚、失去親人或流產。童年時期的創傷經歷，包括情感及身體的忽略，以及情感、肢體和性暴力，也同樣透過問卷來掌握。

結果顯示，成人時期的壓力事件與童年的創傷經歷都會提高未來出現恐慌症狀的風險（與其他研究結果一致）。但特別值得注意的是，童年時期有創傷經歷的人，在成年後因壓力事件而出現恐慌症狀的風險明顯比較高。這些研究成果支持了這項假說：充滿壓力的童年經歷，可能會長期損害我們的大腦發展，也使我們在很長一段時間以後，對壓力的反應變得更敏感。

狂飆突進：青少年時期對我們的影響

「青春浪費在年輕人身上。」有些老人會這樣抱怨。在某種程度上，他們是對的：晚年失去的東西（最佳的身體狀況、光滑的皮膚和飛快的學習能力……），對年輕的我們來說是如此地理所當然，以至於我們不懂得珍惜。此時我們忙著發展自我和身分認同，青春期是一份真正的全職工作（許多年輕人認為零用錢不足以作為報酬），這對人格發展來說也是一段很重要的時期。

雖然我們發現，青春期的平均人格變化就像童年時期一樣，不如成年期顯著，但在這個階段，個別特質的形塑仍會在短時間內產生波動。此外，同齡的青少年在他們的個人發展上，也常常走上不同的道路。舉例來說，有些會變得比較叛逆，有些則比較和藹可親（是的，這也是有可能的）。但是，如果同時觀察一大群年輕人，相對的變化就彼此抵消了，所以變化不大。關於青少年時期的人格發展研究，結果也不一致。有些研究指出，他們的情緒會變得更穩定、更溫厚並具有更高的社交主導性（至少在混亂的青春期之後是如此！）（參考文獻19&20）。然而，其他研究中卻沒有出現平均變化的結果，或是觀察到男孩和女孩有不同的發展（參考文獻21）。

從青春期開始，性格上的性別差異就變得清晰可見。平均來說，女性比男性更認真、更親切，但也較內向、情緒比較不穩定，這點在性別之間的差異正好特別大。與男性相比，女性往往更敏感也更焦慮，這可以解釋為什麼她們罹患焦慮症和憂鬱症的風險會比較高（參考文獻22）。但男性們可別高興得太早，他們反而會因為更好勝和衝動，而容易陷入飲酒及毒品的問題。

上述性別間的差異，很可能是生物學及社會文化因素所造成的。從青春期開始，我們身體裡的性激素（例如睪固酮和雌激素）就開始掌舵；另一方面，這些激素與特定的神經傳導物質系統有關（像是血清素、正腎上腺素和多巴胺），這些物質對焦慮及憂鬱也有影響。這些激素的堆積，讓性格的差異就像臉上的青春痘一樣清晰可見。

另外，社會因素也有顯著的影響。兒童時期已面臨性別角色的期待，即使這些期待如今已不如我們祖父母那一輩明顯，也不一定馬上就看得出來。但女孩依舊在更多的保護下長大，因為我們會擔心；而且比起男孩，總是比較不相信她們，同時也期待她們仁慈、溫柔、為他人著想、順應和順從。這也許能夠解釋，為什麼平均來說，女性的情緒會比較不穩定、容易焦慮和壓抑，但同時也更親切和認真。

另一方面，男孩應該要勇敢、強壯又有膽量——至少根據普遍的觀點，「真正的男人」不會哭泣。我們期待他們不只要貫徹「男子氣概」，更要能自信地捍衛自己的立場與利益。這可能會提高他們的情緒穩定性（至少表面上如此），以及展現外向性的社交主導性；與此同時，親和的特質就比較不受重視。

偉大的喜劇演員查爾斯·史賓賽·卓別林爵士（Sir Charles Spencer Chaplin）曾說過：「如果晚一點才到來，青春也許會是一段更美好的時光。」這是有道理的，如果青春期晚點來，我們或許就能在成長的過程中質疑性別角色的期待，讓它有時無法在我們身上起作用。但遲來總比沒來好！

從酒吧到嬰兒床，是什麼讓我們長大成人？

當我們終於把青春期抛在後頭，跨過成年的門檻，一切就會平靜下來。此時，性格已成形也發展完畢——才怪！在成年前期，好戲持續上演，儘管乍看可能並非如此。平均而言，剛進入成年期的人，會變得更認真、更親和、情緒更穩定也有更高的社交主導性。這個被多項研究證實的強大效應也稱作「人格成熟效應」（到二十多歲以後的成年中期都可能存在）（參考文獻23）。

美國人格心理學家布蘭特・羅伯茨（Brent Roberts）以所謂的「社會投資原則」來解釋這種成熟效應（參考文獻24）：青年和成年前期正受到許多生活事件、轉變和新開展的影響，這些事件讓日常生活發生天翻地覆的變化——我們開始工作、發展第一段（認真的）關係、結婚或生小孩，並因為這些發展而承擔新的社會角色。

我們不久前還與同學們慵懶地坐在學生餐廳前，或在酒吧裡慶祝下班——遵循古老的法則：「漫長工作日結束後的夜晚會更長。」家中老媽提供了洗衣服務和信用卡。沒有家務或孩子在等我們，養老金還很遙遠，房子的分期款（或贍養費）也還不是人生中的問題。青春萬歲！

然後，我們突然就在一個短促的夜晚過後醒來，因為一個小傢伙哭鬧討奶。我們帶著黑眼圈（孩子正在長牙！）努力讓人留下可靠的印象，找到一份高薪的工作，因為信箱裡的信用卡帳單不斷增加。現在要應付的再也不是充分理解我們的父母，而是嚴厲的上司，要求我們每天上班都要準時出現，可靠地完成他花錢請我們來做的事。我們最好把沾有汗漬的T恤（家裡的小小孩喜歡在吃飯時做實驗）換成乾淨的襯衫，對顧客和同事要更友善，因為他們也無能為力！

為了通過考驗，我們昂首面對新的要求。一轉眼，就變得更認真也更親切，畢竟我們根本別無選擇。為了孩子，我們需要這份工作，所以得去適應新環境。這樣過了幾週、幾個月或甚至幾年之後，我們的性格也會隨之改變——

這就是社會投資原則。令人大吃一驚的是，我們還發現，自己能把這份上任前讓人徹夜難眠的工作做得特別好，這也讓我們變得更有自信、更有信心，情緒也更穩定——至少理論上是如此。

這項理論有從經驗上獲得證實嗎？年輕成人的「成熟」，真的是由決定性的生命事件和重大變化所推動的嗎？抑或只是自然而然地，幾乎全靠我們自己，因為基因就是這麼設定的？在蘇黎世大學研究人格發展的人格心理學家薇布克·布萊頓（Wiebke Bleidorn），針對來自六十二個不同國家和文化的八十八萬四千三百二十八名年輕成人進行研究（參考文獻23），結果實在令人大開眼界！前面提到的成熟效應，確實發生在所有國家和文化的年輕成人身上，不管是在波蘭、祕魯或菲律賓，各地青年的盡責性、親和性、情緒穩定程度以及社交主導性都有所提高。然而，性格成熟的年齡在不同國家與文化之間，有時會出現顯著的變化。在人們普遍較早結婚、育兒和就業的地區，成熟效應也發生得比較早；在平均比較晚進入人生下一階段的地方，成熟效應則相對地延遲發生。這個結果支持了這項假說，即承擔新的社會角色，是年輕成人的性格變得成熟的主因。這是社會投資原則的全面勝利！

破除對老年人的刻板印象

「我太老了，沒辦法做這些苦差事。」總有一天，我們會像影集《致命武器》裡的羅傑．墨陶警探經常掛在嘴邊的這句話一樣。智慧真的會隨著年齡增長嗎？隔壁脾氣暴躁的老人和惡劣的老奶奶可能會拆穿這個假說。不過，五十歲以後，我們常常會發現，我們比以往任何時候都更認識自己，並且學會理解自己，進而找到一種新樣態的內在平靜。確實，一般來說，隨著年紀增長我們會變得更隨和、情緒更穩定，而「對經驗的開放性」和「盡責性」特質則隨之下降。這種發展也被稱作「甜蜜生活效應」，這個名稱直接傳達了它的核心意義：許多年輕時來到我們生命中、讓我們忙於工作和育兒的責任，現在都消失了。我們以退休金的形式獲得長期工作的成果，而傑出的孩子則是我們教養的回報。他們很快就會搬離「媽媽旅館」，主動定期來探視我們，而不是每次都把冰箱掃光。（我們猜想，現實更可能是：來看我們的次數變少，並且要求額外的經濟支援，或是到警察局接人的電話變多了。）如果我們不只是靠工作來定義自己，也沒有因為工作或「空巢症候群」而感到痛苦，那麼此刻便可鬆一口氣，放輕鬆享受這種不熟悉且大量的自由空間和時間。許多責任的卸除，可以解釋為什麼我們不再需要特別盡責，責任感也因此逐漸下降的原因。

但是，退休並不總是像電影《甜蜜的生活》所承諾的這麼美好，不論是安妮塔．艾格寶（Kerstin Anita Marianne Ekberg）還是馬切洛．馬斯楚安尼（Marcello Mastroianni）[1]，都不會在許願池與我們共舞。正如我們所見，不是條條大路都通往羅馬，因為很多時候我們根本無法再負擔這些旅費。當退休金不如預期豐厚，那條大路可能只會帶我們到社區的室內游泳池，或隔壁麵包店的櫃臺後方，因為如果不賺錢根本無法打平支出。而且就像大家都知道的，老年的身體毛病不減反增，在許願池跳舞也就變得多餘了。所以，晚年對健康方面的生活滿意度會下降也就不奇怪了。

在這方面，控制點與自尊的發展也很有趣。這兩種特質在成年初期都會增長，中年時期達到高峰，並在六十歲左右來到巔峰，進入老年期之後再次下降。為什麼會這樣呢？隨著年紀增長，我們逐漸脫離家庭、變得獨立自主，同時承擔新的角色，並建立自己認為值得追求的事物，像是家庭、事業、職場人脈與社會地位。如果事情進展得不錯，我們就會知道生活是可以塑造的——這又會再次提高我們的自尊。中年時期，我們忙著繼續發展並保護我們所建立的事物：必須翻修房子和還清房貸、餵養和教育我們帶到這世上的孩子（如果我們還沒讓自己躺平放棄這個願望的話）。我們變得更有經驗，感覺像是把一切掌握在手中，或至少體會到即使感覺很糟，世界也不會真的毀滅。度過我們自己和孩子的青春期之後，一切就像郊遊一樣輕鬆，知覺控制和自尊現在也都進入平穩期。

晚年，我們失去許多建構控制點和自尊的基礎。像是孩子們離家（不像之

1 兩人分別飾演《甜蜜的生活》女主角與男主角。

前期待的那樣，每週日帶著學業成就的好消息，順道來喝杯咖啡）、結束職涯、健康狀況下滑，以及同世代的友人離世。我們曾經緊握的、那些用來定義自己的事物，正在迅速消失。迫不得已時，也免不了要搬進養老院，變得越來越依賴他人的幫助。如此一來，下降的就不只是實際的控制力，還有我們對生活的知覺控制力。

不過，上了年紀的本領，（不只）在於可接受無法避免的事，在最好的情況下，甚至還能對此進行補償。在史丹佛大學進行研究和教學工作的發展心理學家蘿拉．卡爾斯騰森（Laura Carstensen）所建立的模型，解釋了這是怎麼做到的。「社會情緒選擇理論」認為，晚年時，我們的價值觀和目標都會改變（參考文獻25）。成年初期，我們眼前的生命仍像是永無止境的，我們滿懷期待，著眼於未來，投入了幹勁和專注。我們投資自己的發展，為了準備我們對生活的期望而「升級裝備」，像是創建事業、累積財富、蓋一棟有花園的房子，並且在那裡將孩子撫養長大。

剛開始，生命的盡頭還很遙遠，以至於我們根本察覺不到。隨著時間流逝，終點變得越來越近，直到某天完全衝進我們的視線內。雖然逐漸退化，但同時我們也實現了自己曾經想做，或是能夠做到的事，不再追求過去那些吸引我們的目標。我們早已放下成為芭蕾舞者或搖滾巨星的夢想，那些之前還放不下的人，到這時候也都放下了。當我們越來越意識到生命是有限的，就會更專注於此時此刻。我們不將精力投注於可能不再有所成就的未來，而是關心當前的幸福；我們會專注於一些親密而緊密的關係，而不是許多不重要的聯繫和表淺的泛泛之交。我們不再讓生活中的挫折破壞自己的心情，而是專注於正向的一面：我們很開心，因為某次起床時發現那該死的腰痛消失了；我們很享受含飴弄孫，也可以在午睡前放心地把孩子們交還給父母。這些觀點的轉變，不只解釋我們如何從心理層面克服老化，也說明為什麼我們在晚年會變得更保守，但同時也更好相處。

然而，這個轉變真的取決於我們是否意識到，以及如何意識到自身的局限嗎？它也可能純粹是遺傳的限制，完全是因為生物的衰老而產生。為了回答這個問題，蘿拉・卡爾斯騰森不只比較不同年齡群，也研究年輕的重症病人，讓參與者面對自身的死亡進行這項實驗。結果她發現，價值觀與目標並不取決於年齡，而是參與者如何意識到自己生命的限制。結論是：近在眼前的生命盡頭，讓我們更專注於當下，並且更重視深度而非廣度。

訓練時間

有意識地反思生命階段

每個人生階段都有亮麗與黯淡的一面，不過我們總是認為另一邊的草比較綠。小時候的我們渴望長大，就能為自己做決定；當我們不得不靠自己決定一切的時候，又會想念那段無憂無慮的時光。如果我們在二十歲時追求十年或二十年後才能達到的生活狀態，那我們就會對生活感到不滿意；如果我們在六十歲時還要求自己完成三十歲才辦得到的事，也同樣會不滿意。我們無法改變自己每天都在變老的事實，但可以順應時間的流動向前進。

許多人受到社會上典型的「女性」與「男性」角色要求所約束，我們應該以批判的態度來應對這些要求，而不是不提出質疑，就盲目地接受並延續下去。請回想一下你是如何長大的，以及當時父母與周遭的環境分派給你哪些角色（關於你的性別和其他要求）。你當時的感受如何？什麼對你產生正面與負面的影響？哪些影響你覺得是有幫助的，而哪些直到今日仍阻礙著你往真正想發展的方向前進？分析過去能幫我們確認現在所處的位置，以及未來前進的方向。

年齡本身並不會帶來智慧。比較有可能的情況是，我們隨著年紀增長更了解自己，不再迴避生命的有限，而是積極地將其融入生活方式。即便你還很年輕，也可能想嘗試轉換觀點，那麼請想像一下，再過不久你即將離開人世，你開始回顧自己的一生：面對一個仍然懸而未定的重要決定，你會如何選擇？目前正嚴重困擾你的問題，在五年、十年或二十年後看起來會是怎麼樣？它還會對你的生活造成哪些影響？你怎麼看待這些影響？當我們保持距離，從遠處打量當前的情勢，就會發現很多事都是相對的，而我們真正的優先事項也會浮現出來。

換你試試看！

撰寫自己的悼詞

根據自己的價值觀而活，可以產生巨大的推動力。當我們專注於重要的事物，日常生活中讓我們費時又耗神的所有瑣事，都將變得無關緊要了。這個場景能幫助你現在就意識到自己的價值觀，而不是走到生命的盡頭才發現。

請想像一下，這是一個春天，陽光從一片翠綠的樹葉間穿透而下，一旁是空的墳墓，你的棺材馬上就要被放進去了。沒錯，現在輪到你了。塵歸塵、土歸土，在一段完滿、幸福的人生之後，你安詳地前往來世。為了向你告別，所有你重要的人們都聚在一起。某人（請在此寫下你最喜歡的人的名字）清了清嗓子，開始一段精彩的悼詞。

你希望這個人說些關於你的什麼？他會描述你的性格嗎？他會選用哪些字？談到你的時候，他是面帶微笑嗎？他看起來是嚴肅還是悲傷？他會如何描述你的人生？像一片開滿小花朵的草地、一段冒險、一場挑戰、一種靈感或一個啟發？哪些部分他著墨得特別多？是關於你成功的事業、嗜好與熱情、夢想和抱負嗎？他有特別提到你的親切和社交關係嗎？你是一個熱情的女人、一位慈愛的父親、一位卓越的女老闆、一個有遠見的先驅，或是一位總是值得信賴的朋友？你最愛的人特別提到你的哪些事情和你的人生經歷？他有沒有請前來哀悼的賓客們用特別的方式記住你？是以哪種方式呢？

最後，為了向你致意，可能還會有幾段話，關於人們該如何以最棒的方式向你及你的人生道別。賓客們應該放聲大哭，還是為你生前是個這麼棒的人而慶祝？他們應該要把你的照片放在桌上，每天為你哀悼嗎？還是定期為了爭奪你的遺產而相聚？或是在合唱團裡歡唱你最愛的歌曲？

讓你的想像力自由馳騁吧！這個練習——儘管可能很悲傷——會告訴你，你真正關心的是什麼，以及日後你希望人們如何記得你。

職業是生活的支柱。

——弗里德里希·尼采（Friedrich Nietzsche），德國哲學家

Ch.5

性格、職業選擇
與工作幸福度之間的關係

如果在婚禮上被問到我們是誰、是為了什麼來這裡，我們通常會開始解釋自己與新娘或新郎的關係（是前任——也可能是拖著婚紗的花童的爸爸）。如果是在俱樂部被問到，那麼我們會談到自己從事的運動、榮譽職位或贏來的獎盃。但對於不久前才在自由打獵區認識的新朋友，我們卻很可能會告訴對方自己的工作。對於我們支持的足球隊、遵循的營養哲學、所屬的宗教團體（或退出的），以及傾注閒暇的每分每秒所投入的興趣，則是隻字未提。真可惜！如果我們試著以「熱愛西部片且茹素的珠光鈕釦蒐藏家」，或「前天主教山地車手、豎笛狂熱愛好者和維也納香腸老饕」來回應這個問題，結果會怎麼樣呢？

在成就導向的社會下，賺錢的方式被賦予極大的意義。我們的工作占用了很多時間與社交（還有談話）空間。如果不工作，我們到底會是誰？如果不工作，還剩下什麼能構築我們？曾兼過兩份工、做過自己根本不愛也無法勝任的工作，或不得不申請社會救助金的人都明白，不工作的話，有多容易陷入困境。為了在雄心勃勃的已開發國家中保有對等的一席之地，只是「活著」，顯然是不夠的。

工作對我們自身及我們的行為提出了明確的要求：我們應該要準時、可靠、專注、勤奮、有條理又精確；對待同事、主管和客戶則要保持專業、友好及審慎的態度。（即使我們最想做的是拿蛋糕朝對方的臉砸過去，也要確保自己的臉上始終掛著微笑。）我們接受這些期待，也嘗試盡力達成，難怪工作的變化會在我們的性格上留下足跡。

進進出出：初入職場與步入退休

我們通常會在成年初期踏入職場，並從那時起，努力滿足那些從父母抱怨中得知的職場要求。如前一章所描述的，這應該會讓我們變成熟，也就是提升我們的責任感、親和力、情緒穩定程度以及社會地位的主導力（前面提過的，這是外向性的一種面貌）。在正常情況下，我們會在六十歲之後退休。這時，因為沒有職務上的要求了，我們有更多的時間和空間，無憂無慮地享受美好的生活。這會讓我們變得更放鬆、不那麼認真了嗎？在初入職場和步入退休的前後幾年，我們實際上發生了哪些變化呢？

我和研究夥伴——柏林洪堡大學的人格心理學教授尤勒・絲蓓希特（Jule Specht），一起透過「德國社會經濟調查小組」的數據來追溯這些變化。這是一項大型的長期研究，每年針對德國人口中的兩萬到三萬人進行調查（參考文獻26）。這項調查盡可能重複針對同一個人進行，每一年都有參加者退出，也會有新血加入。不同年份的五大人格特質與其他人格特質都會列入計算。

如果你想進一步了解，我們是如何以科學的方式對性格變化進行量測，後面的章節有更多資訊。

更多資訊：請看Chapter 12〈心理問卷可以摸透我們的性格？〉

一開始，我們仔細研究了超過三千五百名年輕人的數據，他們一直到三十歲才進入職場。他們在工作的第一年就明顯變得比以前更加盡責，儘管隨著時間流逝會略微減弱，但這個效果仍會持續存在。剛開始工作的前三年，他們的

「親和」特質也會提升。不只如此，社會新鮮人也表現得比以往更外向。總體來說，這些結果展現出明顯的成熟效應，與社會投資原則相符。

而且，我們還分析了兩千五百名年齡介於五十至七十歲已退休人士的數據。在退休後的前三年，他們雖然不如以往盡責，但除此之外，並沒有值得注意的性格變化。同樣地，我們也發現性別、踏入職場或步入退休的年齡，以及從事全職或兼職工作之間並無顯著的差異。

總結來說，我們的研究證實這項假設：開始工作後，我們會變得「更成熟」；退休後則會更輕鬆。就像上一章提到的甜蜜生活效應所強調的：「性格會和我們一起成長！」所以，（穩定的）工作不只提供了一份穩定的薪水，還以這個成就取向的社會所認同的方式來塑造我們的性格。

合適的工作是「成功」的入場券

職涯顧問認為，性格對於工作上的成就與否有著決定性的影響。真的是這樣嗎？的確，擁有更高的五大人格特質表現，在職場中絕對是優勢。開放的人能在創意產業中盡情發揮他們的想像力，像是源源不絕的原創發想、提供超脫傳統的解決方案；盡責的人會贏在起跑點，可靠、準時、努力、細心又友善的他們，走到哪裡都能馬上成為「本月最佳員工」；身為人氣王的外向者，在任何可以暢所欲言和展現自我的地方，都能適應得很好；親和者友善又容易共感的天性，在社交領域中特別有優勢；多虧強大的抵禦能力，情緒穩定的人能更好地阻斷自己的情緒，不容易把工作的問題往心裡去，而能保持冷靜、不會燃燒殆盡——這是一個重要的特質，因為工作常常會帶來壓力。

那麼，如果不具備全面高度的「五星人格特質」，是否就有一個好理由放棄所有工作上的抱負呢？當然不是，性格與工作是否契合才是關鍵！比較不開放、傾向依照過去思維模式行動的人，在傳統行業中表現得最好，例如銀行、歷史悠久的家族企業或公共行政部門；盡責程度排名不高的人，也能應付雜亂無章的工作環境；善於獨處且能一心一意投入工作的內向者，會在科學研究或其他需要大量思考的工作中，找到屬於自己的一片天；難以親近的人，則能在談判桌上取得優勢。只有不穩定的情緒很難為職涯加分，但仍然有正向的一面，舉例來說，能讓人注意到工作場所的安全風險和危險（盡量別馬上驚動所有員工），或是將戲劇性的感受化為富有詩意的詩歌、令人心碎的流行歌曲和動人心弦的電影場景。過去和當今有不少才華洋溢的藝術家，據說都具有情緒波動、情感爆發和雙極性情感障礙的傾向。

換句話說，每一種性格都有適合的工作，從各方面來看，找到適合自己的工作是很值得的。我的同事、荷蘭烏特勒支大學發展心理學教授雅普・丹尼森（Jaap Denissen）二〇一八年發表的研究證實了這一點：透過德國社會經濟調查小組的數據，他發現那些性格與工作相符的人賺得更多——每年多達一個月的薪水（參考文獻27）。

天生的領導者？

在工作中，我們不僅能在薪資上獲得跳躍性的成長，更可以躍升至管理階層。這不只與完美的面試穿搭有關（好的衣著會帶來成功），也取決於我們的性格。我再次和尤勒．絲蓓希特教授，以及柏林德國經濟研究所的資深研究員愛爾克．霍爾絲特（Elke Holst）於另一項研究中一同調查，我們從德國社會經濟調查小組的數據中，將三萬三千六百六十三名一般雇員及兩千六百八十三名（未來的）主管進行相互比較（參考文獻28）。結果顯示，早在進入管理階層前，主管就已經展現出特別的性格特徵。那些後來晉升到更高職位的人，比沒有進入管理階層的人更外向、更開放、情緒更穩定、更盡責且勇於承擔風險。他們也確信自己能夠掌控生活，並且更信賴他人。

管理階層通常具備這些特徵：外向的他們樂於成為眾人焦點、發表看法、滔滔不絕、指導他人。因此，管理職位往往特別吸引他們。而且在申請的過程中，他們也比時常錯過宣傳自己的內向者更有優勢。具備承擔風險的勇氣，也有助於他們走向登上頂峰的新道路（即使面臨阻礙）。

同時，他們的性格在晉升前後也會產生變化。早在高升的前幾年，他們外向、開放和勇於承擔風險的特質便逐漸增強，也覺得自己越來越能掌握生活。

這是值得注意的，因為在大多數的生命事件裡，例如成為社會新鮮人，性格通常都是在事件發生後才有所改變。

對雄心勃勃的領頭羊來說，有遠見且策略精明的職涯規畫顯得特別重要。那些想要進入領導層級的，現在就會及早開始為未來做準備，包括建立人脈、發送名片、在會議上（明顯地）引起別人注意、參加進修工作坊，當然還要在接受評鑑中心評估才能時讓自己光彩奪目。（許多職涯顧問建議，有這些抱負的人，應該依照未來想爭取的職位來著裝，而非現在的工作。顯然，這個建議也同樣適用於行為舉止。）

有趣的是，前面提到在晉升前會提高的領導特質（主要是外向性和承擔風險），在晉升後的幾年內又會下降，盡責程度也發生同樣的現象。為什麼會這樣呢？新的領導者是就此滿足了，還是用盡全力後就完全鬆懈了？進入管理階層後，他們幾乎沒有時間參與家人和朋友間的社交聚會，這合理地解釋了外向程度下降的原因。而且，一旦得到夢想中的職位，我們就會努力保住它（也會保護自己的地位），而不會再次投入角逐之中，承擔不必要的風險。

一般來說，領導者必須縱觀全局、來回跳轉於各項任務之間、確定優先順序、委派任務並接受妥協（如果員工的工作精實度不如他們的話）。為了不讓自己燃燒殆盡，我們不可避免地會拋棄自己的完美主義、做出妥協，變得不那麼謹慎。

不過，有一點在晉升後是明顯增加的：自尊。不只是職位的升遷，還包括薪水的增加、更多的工作與社會聲譽、不斷增加的影響力和成功克服這一切的經驗，都增強了（自己所感受到的）個人地位。

成功會讓人快樂嗎？

問題是，晉升到管理階層後會讓人變得快樂嗎？因為這肯定是一把雙刃劍，一方面它帶來許多好處：更高的收入、更多的決策權、自主權和彈性，這些會讓成為領導者的快樂程度衝上意想不到的高度，只要它的另一面不是（更多的）工作和責任、更長的工時和更少的閒暇時間——這就像是著名的黛綺莉雞尾酒裡的苦味劑。

所以，成功真的值得付出代價嗎？為了找出答案，我們針對主觀幸福感在晉升過程中會如何變化進行研究（參考文獻29）。結果顯示，和無管理職務的一般員工相比，主管們對自己的生活更滿意、更幸福，同時也較少感到悲傷。然而，這些具有優勢的主觀幸福感並不是升遷的結果，而是在他們變成「大人物」前就早已存在，這代表高度的主觀幸福感有助於職涯上的升遷，這完全就是「自我實現預言」。當我們覺得滿足又快樂時，會變得更有活力、更有動力、更有吸引力也更有說服力，自然會對工作成就無法抗拒。

除此之外，我們還發現，進入領導層級的前後五年，幸福程度會持續增加，不過這個現象並沒有出現大幅的波動，而且新任領導者的情緒狀態幾乎沒有改變。躍升領導階層後，他們在生活中並沒有變得更快樂，反而比前幾年更容易動怒。單就理性的角度來看，領導者過得更好，總體來說也對自己的生活更滿意。這也許是因為，我們主要以客觀的成功標準來評估薪水、社會地位、權力和影響力。但管理工作中大大小小的麻煩事，顯然會破壞他們情緒上的平衡，像是（感覺起來）無能的團隊、不可靠的業務夥伴、愛找碴的客戶、不在計畫內的投資或不如意的季度業績……。因此，誠實的結論是，領導職位並不能保證永久的幸福！

職涯危機（可能）會對我們造成什麼影響

我們的職涯很少是一條康莊大道，通常是彎曲、不合理的，而且比預期的還要漫長，得越過許多坡路、碎石路和窪坑。有時，我們站在一個路標不足的岔路口，必須決定要往哪個方向前進；有時，陡峭的上坡讓我們爬得氣喘吁吁，還沒享受到風景的全貌，就得面對同樣陡峭的下坡；某些時候，也可能是一條抄捷徑而走出來的小路或死路——當我們不管基於什麼理由失去工作，因而無法負擔基本生活開銷的時候。我的研究結果也表明，在這段經歷之後，我們的幸福感會急遽下降。

我和烏特勒支大學發展心理學教授雅普・丹尼森以及來自美國的西奧・

克林姆斯特拉（Theo Klimstra），一起從荷蘭一項具有代表性的人口長期研究中，分析了一萬三千六百二十八人的數據。這項類似德國社會經濟調查小組的研究，自二〇〇七年起，每年針對數千名成年人的生活事件、心理問題和人格特質進行調查（參考文獻30）。在研究期間內，有一千零四十四人失業，更有三百五十六人失去工作能力。結果表明，在失業的前五年，他們焦慮和憂鬱症狀（以及吸毒的風險）明顯上升了，失業後又下降。特別有趣的是，他們的狀況在失業的好幾年前就開始惡化，但實際失業後又迅速恢復。

怎麼會這樣？失業通常不會突然發生，而是有跡可循的——其實我們早就因為健康情況下滑、對工作非常不滿意或過度負擔而解雇了自己。又或者工作合約剛好到期了、公司出現虧損、高層宣布組織重整的措施，使得當事人越來越關注工作、健康、經濟和家庭該如何繼續下去的問題。研究結果也顯示，我們在失業前幾年對工作的不安全感會明顯增加。可怕的職業生涯大災難發生時，雖然辛苦，但不安全感也因此消失了。我們終於可以結束這一切，翻開有機會帶來解脫的人生新篇章，這也是為什麼人們失業後能在短時間內恢復。

我們的研究還指出，性格對於如何應對人生的彎路、障礙或短工[1]、喪失工作能力和失業等絕境，有著決定性的作用。為此，我們比較了以下兩個組別：五種人格特質都表現得很好的「五星人」，以及單一或五大特質都比較不足的人。沒想到，在失業的前幾年，「五星人」焦慮和憂鬱症狀增加的程度明顯比較小——儘管這兩組人對工作的不安全感幾乎一樣，前者顯然能更順利地應付失業這把「達摩克利斯之劍」[2]的威脅。此外，失去工作能力後，他們也明顯能更快地從心理問題中恢復。

這些五大人格特質較高的人，可能會動用他們各式各樣的優勢與能力。態度開放的他們，通常能更順利地（被迫）適應職涯新篇章，認真的性格讓他們能帶著目標和能力，持續不懈地找工作，而不是被拒絕一次後就出現鴕鳥心態。外向的天性賜予他們像枝葉般展開的工作人脈，這對找工作來說是關鍵的優勢（多虧了職場的「維他命B」[3]）。最後，但也很重要的是，更穩定的情緒和更和善的態度，不只讓他們比較少受到工作壓力的影響，也不太會把壓力發洩在摯愛的人身上。總結來說，失業和失去工作能力對我們的身心健康是極為嚴峻的考驗，而較高的五大人格特質至少能夠帶來部分的緩解。

訓練時間

適合且能適應的工作

選擇工作的時候要睜大眼睛！這有點像在買衣服，服裝必須適合你，而不是你適應它們。同樣地，工作也應該符合你的性格，就是現在的你，而不是你希望或未來想變成的模樣。如果工作符合你的興趣和天賦，長遠來看，你會變得更有動力、更有效率、更成功也更滿足。

提早規畫對工作表現有好處，所以請你仔細並誠實地想一下：生活中

1 指德國的短時工作制度，員工同意雇主降低自己的工時以減少整體人事支出，讓公司不至於裁員，而員工同時能保有工作，缺少的薪水則由政府補助。

2 或稱「懸頂之劍」，意指無時無刻不存在的危險。

3 此處維他命B的「B」代表德語的「Beziehung」，意思是關係或人脈。

的哪些部分對你來說特別重要？你想在職涯上往哪個方向發展？為此，你能夠且願意付出什麼？你需要什麼？你現在就能為未來所需的能力做好準備了嗎？

此外，請盤點自己在工作上的優勢和資源：你已經獲得哪些成就？你對什麼感到自豪？什麼讓你對自己和工作感到特別開心？專注於正向的事物時，一切就會變得更好。而且，了解自己的才能，你就能以它們為基礎，做進一步的發展。

不只要在乎工作上的表現有多傑出，好的人脈也很重要，因為成功的事業有三分之一取決於有策略的人脈拓展。所以，在社交媒體上不要只滑一些可愛又古怪的貓咪文章，更應該利用商務社交平臺、線上活動或會議，和同一個圈子的人建立關係。喝杯飲料、撥個視訊電話或約出來散步都不是浪費時間，而是對未來職涯的真正投資。

儘管聽起來很老套，但成功並不是人生的全部。工作上的躍升雖然有一定的好處，但如同我們看到的，這不一定會讓我們更快樂。這些成功帶來的好處值得嗎？要根據自己的價值行動，而不是未經深入反思就急於滿足外界的期待。如此一來，你便能讓自己放鬆下來，也不會因為過於強烈的雄心而落入壓力之中。

悲觀的人喜歡形容自己是「現實的」，但奇怪的是，樂觀主義者也是現實的，而且那更有用，因為他們經常會透過自我實現預言來達成目標。即使你比較敏感，工作上的不安全感對你來說是真實的恐懼，還是能採取一些做法讓自己更輕鬆地應對，例如試著將目光轉向實際的狀況，而不是最糟糕的情況下可能發生的事。讓我們將自己的恐懼幻想和最棒的狀況進行比較：失去工作雖然可能是長期失業的開端，但也可能會讓我們跳進夢想中的工作。

換你試試看！

填滿你的能量箱

請拿出一張紙，在上面畫出一個容器。這是你的能量箱，裡面是你目前在工作上能利用的能量。如果百分之〇代表完全耗盡、百分之五十代表介於臨界點、百分之七十代表相當不錯、百分之百代表能量滿點，現在的你有多少能量呢？請將百分比寫在能量箱的中間。

箱子底部有一個排水孔，能量會從該處流失。請將排水孔也畫上去，並在一旁寫出所有在工作上讓你耗費大量精力，或是讓你在下班後仍難以放鬆的能量小偷。你什麼時候會特別感到有壓力？為什麼會這樣？讓你耗費精力的，可能是性情暴躁的上司、不可靠的業務夥伴、單調乏味的任務或是過於苛刻的要求，以及時間壓力、混亂的交貨期限、無止境的會議和官僚問題也都算。更不用說吵雜、繁忙或混亂的工作環境，和長時間的通勤（或是喝完最後一杯咖啡還不幫忙補上豆子的同事，你懂的……）。

另外，在能量箱的上方有一個補給口，能讓我們注入新的能量。請畫上這個補給口，並在旁邊列出所有能在工作時帶給你動力，以及下班後可以幫助你充電、注入力量的「能量補給品」。重要的是，列出能量補給品之前先寫下消耗你精力的事物，這個練習才能達到正面的效果。請試著找出更多補給品！工作中的什麼時刻才是你的最佳狀態？是當你在團隊中工作、拜訪客戶、發表報告、策畫公司活動還是獲得新專案的時候？午休短暫的散步時光，或午後的咖啡是否能幫助你恢復精力？下班後最能讓你放鬆的活動是什麼？是運動、聚會或是和家人共進晚餐？

最後，請想想看，怎樣能削弱能量小偷，並加強能量補給，像是：未來能鎖定和自己更契合的人一起合作，或是縮短交貨期、以線上會議取代出差，又或者減少開會時間。你是否能美化辦公室、改變辦公地點，或增加居家辦公的次數以節省通勤時間？也許你還可以更有意識地安排工作中的休息時間和下班時光——例如更常在街區附近散步、運動或嘗試新的嗜好，而不是躲在螢幕和電腦後。請在接下來的幾天（或幾週）試著執行你寫下的做法，試過後，請誠實地回顧：經過這段時間，你的能量占比有改變嗎？如果有，是怎麼變化？是否能藉此得知哪些事的影響最大？你會想繼續維持哪些變化？哪些是你想調整的？

愛情就像調味料，

可以讓生活變得更甜蜜，但也可使其變質。

——德國諺語

Ch.6

能被你愛是多麼幸福的一件事
——性格與愛情

當我們對那些與我們個性相反或是不會開車的笨蛋生氣時；當我們在最愛的小吃攤前的排隊人龍裡，輪到我們時，最想要的點心卻已經賣完了；當我們抱怨上司，朋友卻不認為我們是對的；還有，駝背的親戚沒事先通知就突然出現（「給你驚喜！」）——這時，我們便渴望到一座人煙稀少的小島，那裡沒有人會打擾我們，頂多只會被椰子砸到頭。然而，能夠去到那裡的機會，就像在花園裡挖到一桶黃金一樣小。這樣也好。

孤獨一人在南洋島國——這個願望如果馬上實現就沒什麼價值了！我們每個人的內心深處其實都是相互依賴的，和他人產生連結是人類的基本需求。在生命的最初幾年，父母（或擔任類似角色的人）是我們最重要的照顧者。沒有他們的照顧，我們根本無法生存，這也是為什麼還是嬰兒的我們，為了不失去他們，會本能地盡一切努力。隨著時光流逝，我們離家自立，與此同時，和同儕的關係也變得越來越重要。最終，浪漫的愛情對人際關係來說，就像蛋糕上的奶油花一樣。許多人，特別是年輕人，甚至說愛情就是整顆蛋糕；對他們來說，愛情根本就是整間蛋糕店。對大部分的成年人來說，伴侶不僅是溫暖、安全感與幸福最重要的來源，更投射出我們所理解的「真愛」。

我們誰不是期待著這樣的一段關係！畢竟每一齣浪漫喜劇、每一則廣告、每一首流行歌曲都告訴我們，找到真命天子或天女時會是怎麼樣——那是眼冒愛心的我們被愛著、抱著，連我們自己不喜歡的部分也被讚賞，例如每次吵架後甩門的習慣（「你的脾氣真好！」），或是閒暇時就在沙發上度過的懶散（「太棒了，你可以讓自己這麼平靜！」）。為了讓我們不論何時何地都能有良好的感受，我們的愛人把自己的需求排到後面，他不在乎我們是不是好幾天沒洗澡，或好幾年沒去看牙醫了，因為他渴望我們，包括我們的一切。我們一點也不在意離婚率，其他人可能需要婚前協議，但我們不需要，因為我們真的很愛對方！

如果失敗了，就再找一個。狂看如何誘惑對方的指南、讓自己變美、經營自己的市場價值、修飾自我介紹、使用交友軟體、裝出性感的樣子，直到成功為止。這時，我們可以稍微喘息一下，至少到我們的達令在被子裡放了第一個屁而出局前，不需要展開尋找下一個人的行動。

言歸正傳，這當然沒有那麼難！但也不像我們所期望的那麼容易。尤其在親密關係中，我們小時候從照顧者身上學來的那套模式會反覆出現。除了這些模式，誰想得到，我們的性格也扮演了決定性的角色。性格決定我們究竟能否找到一個「合適的鍋蓋」[1]、我們會建立什麼樣的關係，以及我們再次分開的機會有多高？因為與他人的關係同時也影響著我們的性格，這將導致相互影響的結果。更令人興奮的是，在約會和親密關係中，不只是我們的性格，另一半的性格也會產生影響，沒什麼比「雙倍作用」更刺激了！

戀愛、訂婚、結婚、分手：親密關係與性格

初戀令人難忘，既美麗又短暫，是重要的回憶，也影響我們的一生。幾乎沒有其他主題能比初戀獲得更多文化、社會和媒體的關注。連科學界也在研究第一段浪漫的戀情對我們性格的影響，結果顯示，越是外向和盡責的年輕成人，越有可能展開戀情。那些進入伴侶關係的人，在接下來的幾年裡，會變得

不那麼開放，但卻更外向、盡責，情緒也特別穩定（參考文獻31～34）。有趣的是，即使這一對年輕戀人再次分開，被提高的情緒穩定程度仍然持續存在。總結來說，即使戀情破裂，初戀似乎讓我們變得更堅強。初戀（通常）會讓我們意識到，自己能夠進入一段親密且持續的浪漫關係，它會帶給我們支持、安全感和自信。進入第一段戀情的人，已經征服了成為大人的「重要里程碑」——至少在主觀感受上是如此。在我們試圖勸誡女兒不要和那位文藝青年往來，或是禁止兒子和那位爬蟲動物頻道主聯繫之前，請先想一下：這段愛情對他們來說非常重要，因為是第一次，也可能不會持續，但這可是第一段——哎呀！這是每個人都要經歷的。

你是怎麼樣的人，決定你如何去愛人

1 本句出自於德國諺語：「每個鍋子都會找到它的蓋子。」意思是每個人都會找到注定的另一半。

我和尤勒．絲蓓希特教授一起研究，一段關係開始與結束時的重大轉折，與我們的性格有什麼關聯（參考文獻35），意即：性格是否會影響我們和伴侶同居、結婚、分手或甚至是離婚？在這些愛情轉捩點前後，我們的性格會如何變化？為此，我們再次透過德國社會經濟調查小組的資料，分析了近五萬人的數據。在研究期間內，有五千零二十五人與伴侶同居，四千一百三十人結婚，三千七百零六人分手，一千兩百五十二人離婚。

親和性：親密關係的進展推手

我們的研究證明，「親和性」是親密關係進展推手的第一名，它決定了參與者是否經歷過親密關係裡的重大事件（在愛情裡我們稱為「身分轉變」）。親和性較低的人，更有可能與他們的愛人同居、結婚、分手或離婚。後兩點很容易解釋，因為親和性較低的人，通常不願意「為了和平」而接受妥協，他們完全不害怕爭吵，因此分手和離婚的風險就比較高。

但是，為什麼親和性較低的人會更容易與他們的愛人同居和結婚呢？顯然，我們的假設是低落的親和程度會阻礙愛情的正向體驗，但這裡出現了另一個因素：越容易分手的人，也越容易再次「擁有」。所以，他們進入一段新關係、展開同居或再婚的機會也更高。因為他們的戀情比較不穩定，感情狀況時常變動（不只在社群媒體上）——從單身到「穩定交往中」，變成「一言難盡」，最後回到「單身」。他們因此更頻繁地經歷感情事件，不論是好是壞。

考驗：同居

性格比較外向的人，也更有可能和他們的愛人同居。這是當然的，思想開放又善於社交的他們，更容易找到合適的另一半，也更願意和他們共享床鋪與生活。展開同居生活後，男性會變得更有責任感，而不是女性。雖然在我們的印象中，男性通常沒有女性這麼盡責。剛開始，他們可能為了祝福這一段新生活，會調整自己的衛生習慣，以符合另一半的標準。（也許他們因此變得更愛乾淨，因為他們實在無法招架那句飽含強烈愛意的話：「親愛的，把垃圾拿去樓下倒！」）

永遠（？）的蜜月：結婚

進入「婚姻關係」的人，在接下來的幾年會變得比較不開放。一個合理的解釋是，新婚夫妻大多剛建立家庭，他們會把注意力放在房子和小孩身上（或單純是眼裡的愛心粉紅泡泡擋住了他們的視線）。因此，能花在新潮事物的時間和精力就變少了。正忙著為自己、另一半和下一代築巢的人，也比較難再追求與國外有關的愛好、接受遠距課程或環遊世界。

更多資訊：請看 Chapter 7〈子女的祝福——孩子如何影響我們的性格〉

緣分已盡：分手

情緒比較不穩定的女性，更有可能與她們的伴侶分手。也許是因為她們的情緒經常「比較複雜」、變化不定，這對對方來說也更費勁。她們無法忍受任何事，經常對問題有不同的看法，可能會鑽牛角尖，對這段關係造成負擔而導致分手。至少我們是這麼假設的。

而且，我們的研究也發現，剛分手的女性會變得比之前更開放也更外向。這與我們對女性更容易以主動的方法來應對分手的認知相符：她們會向親密的女性友人哭訴、談論許多關於那段戀情的事，以及重拾過去的愛好並發掘新的興趣。

相比之下，男性在分手後的第一年並不會變得更開放和外向，情緒反而更不穩定。若考慮到男性更傾向用消極的態度應付失落，這麼看來也算合理。比起說出來，他們喜歡用工作、酒精或電動來轉移注意力，這可能會讓這段過程變得更困難。（當然不是每個男人都會這樣，你的另一半肯定是個例外！）除了戀情，女性也會維持和家人及朋友的聯繫；而男性往往更專注在他的戀人身上。這聽起來可能很浪漫，但對人際關係的維護並不一定是件好事，可能會讓分手變得更困難——因為幾乎沒有人能接住這些剛分手的男性，讓他們重新站起來並找回單身生活。

寧願結束，也不要無止境的惡夢：離婚

離婚的人在接下來的幾年裡，情緒的穩定程度會下降。進入婚姻的人都堅信，自己會和最愛的另一半一起變老，當這個想法在離婚法庭上，以白紙黑字被證實是自己的錯覺時，我們便會動搖。（而且，「從此過著幸福快樂的日子」這句苦澀的聲明，也會變成「多虧了我，那位離婚律師至少能買一艘新遊艇了」。）離婚會帶來懷疑和困惑：我們在訂婚和撰寫婚前契約（如果有的話）的時候，是不是瞎了？自願犧牲自己的工作是不是太天真了？我們是否能再次找到偉大的愛情？和樂的家庭往往會變得四分五裂，而這段關係的結束則演變成監護權之爭。與其對付前任，我們會為了爭取孩子而咬緊牙關，假裝我們的自尊沒有受到嚴重的傷害。這一切都讓人精疲力竭，也讓放手變得更困

難，這也是為什麼情緒穩定程度會受到負面的影響。

幸福和痛苦的關係對我們造成的影響

總之，我們的研究指出：上述提到的感情事件，對人格的影響相對地小。在愛情的重大轉捩點前後，雖然我們似乎有所改變，但不是很明顯。即使一段戀情的初始和終結深深觸動我們的內心，也不會影響我們的本性——至少我們的科學分析如此暗示。

為什麼愛情裡的深刻經歷，不會對我們的本質造成持續性的影響呢？難道我們不該（在看了各種不同的浪漫喜劇後）認定愛情會左右我們的人生嗎？一個可能的原因是，我們各自以非常不同的方式經歷和評價了這些感情事件。比方說，婚姻對我們來說有多重要？投入多年籌備的夢幻婚禮是生命中最美好的一天嗎？或者對你而言那只是一種形式，到戶政事務所簽個名，而且要越快越好，才來得及提出今年的所得稅減免？分手對我們來說又有多糟糕？我們會因為對方讓我們的世界崩潰，就認為自己是失敗者或輸家嗎？或者，即使這段關係無法永遠持續，我們還是能將這段美麗的共度時光保留在美好的回憶裡？也許我們甚至覺得，「自己的」生活終於又回來了，還因為解脫而感到開心？

當然，我們如何看待一個事件，取決於它是如何以及為何而發生的。我們的達令是在夜裡悄悄離開的嗎？經歷了無數個謊言、打破的承諾、疑似或實際外遇而引發的戲劇性場面後，是否將迎來終點？或者我們只是彼此疏遠，所以這次是和平分手，幾乎是和諧地分開？

最後，實際的後果也有影響。如果我們有小孩，不僅是我們的生活，連家庭日常也必須重新安排嗎？之前為愛犧牲了工作，分手會讓我們陷入財務困難嗎？我們的交友圈也會隨之崩解嗎？總結來說，各式各樣和個人緊密相關的情況可以解釋，為什麼感情事件前後的平均性格變化（許多人的平均值）是相當小的。一段關係的開始、結婚、分手和離婚並沒有特定公式，即便我們在美好的電影、令人陶醉的催淚作品或輕快的流行歌曲中，對這些事的詮釋都一樣，我們的經歷也不會相同。

顯然，愛情中的深刻經驗幾乎不會讓我們變成熟，至少遠不如剛踏入職場對我們的影響。雖然與伴侶展開同居生活的男性會變得更有責任感，但這並非來自成熟效應。最後，我們的研究也清楚地顯示，男性與女性明顯以不一樣的方式處理感情經驗，因為許多效應對男性和女性所造成的影響是不同的。

情感的雲霄飛車：感情事件與幸福

只要看到剛分手的人，拿著週年紀念巧克力蜷縮在沙發裡，不用多問就能知道他們的感受。我們肯定都從自己的經驗中明白，心碎是什麼樣的感覺，而那一點也不好。然而有趣的是，哪些感覺會因為哪些感情事件而有所變化？這些改變有多強烈，又會持續多久？讓我們一邊將巧克力放到嘴裡融化，一邊來認識「定點理論」（參考文獻36）。根據該理論，我們每個人都有自己的幸福預定值。也就是說，儘管正向的經歷能讓我們在短時間內有更好的感受，負向的經歷會在短時間內帶來更差的感受，但長遠來說，我們都會回到自己獨特的幸福平衡點。透過這個理論，我們認為感情事件最多也只會對幸福感產生短暫的影響。即使是完美的戀情，長期下來也不會讓我們比之前更快樂；即便是最戲劇性的分手，也只會對我們的幸福造成短暫的影響。

實際上真是如此嗎？為此，我們觀察了四千三百九十九名與伴侶同居、三千七百三十一名結婚、三千五百三十八名分手與一千一百零三名離婚者的數據（資料來源是德國社會經濟調查小組）。在這個背景下，我們試著分析生活滿意度及情緒感受，在個別感情事件發生的前後五年會如何變化，結果不言而喻（參考文獻37）。

至高的喜悅：正向事件

同居或者結婚的人，早在前幾年就有更幸福的感受，而且會在正向感情事件發生後的第一年達到高峰。對於同居的人來說，這個效應也會持續存在。剛開始同居的頭幾年，他們甚至比搬進共同住所前還要開心——雖然比不上同居的第一年。最愛的那個人現在每天都在自己身旁，也許會讓他們的感受在幾年後甚至變得更好。對於新婚的人（結婚前通常已同居）來說，情況則有所不同，蜜月效應在結婚的第一年後就失效了。這聽起來不太浪漫，卻可以理解，因為蜜月結束後，他們回歸日常生活，婚後的感覺和之前幾乎沒什麼不同。

傷心至死：負向事件

對分手或離婚的人來說，幸福感在一開始是明顯下降的。這股崩潰的感覺在分手的第一年和離婚生效前兩年最為劇烈，當事人明顯更難過、更不開心。焦慮和憤怒的感覺也會上升，雖然增加的幅度不大。但是長遠來看，受傷的人會再度找回原本的自己，因為在這段關係結束的五年後，他們的幸福感大致恢復到與五年前相同。

此外，對愛情而言，負面事件所產生的影響，比正面事件所帶來的影響還要強烈。大腦經過演化後，讓我們對負面事物的感知更快也更強烈。這幫助我們及時辨認（和避開）危險。在這種情況下，關係的結束——從演化的角度來看——大幅降低我們繁殖和生存的機會。也許這能夠說明，為什麼在愛情中，比起美好的時刻，挫折會對我們造成更強烈的衝擊。所以，不妨有意識地去感知並享受這些美好時刻吧！這有助於提升我們的幸福感。

動腦時間：你曾經在愛情裡經歷過哪些美妙時刻？你特別喜歡伴侶或生命中的摯愛哪些地方？你重視哪些共同活動？你如何再多給他們一些空間？

樂與悲——它們如何改變我們

整體來說，愛情會讓幸福感產生顯著的變化——甚至在感情事件實際發生的好幾年前就已經發生改變。乍看可能令人驚訝，但感情經驗大多會隨著時間「發酵」。我們下個月就要和今天才認識的人結婚（或者兩人是在拉斯維加斯相遇，而且還夠清醒能走到最近的婚禮教堂，那麼也許今晚就會完婚），這種情況偶爾會在電影裡發生，但很少出現在現實生活中。在訂婚前，我們通常會先戀愛，然後同居。（這包括對於在可預見的未來內結婚有共識，不管是何種形式，即使是在刷牙的時候說出：「我們要透過結婚來結束這一切嗎？」然後對方擠出牙膏，清了清喉嚨：「為什麼不？」）畢竟，婚禮就是愛情蛋糕上的奶油花，是事先根據我們的期望所精心準備的。從戀愛、訂婚到結婚的每一步，都逐漸提高我們的幸福程度。

同樣地，關係也很少突然說斷就斷。（如果是「搞失蹤」的情況就有可能，曖昧對象突然完全消失，對於任何形式的聯繫都不再回應。這是一種古怪的現象，卻越來越多人深受其害。）通常，在此之前危機就隱隱若現，接著衝突逐漸增加，直到最後越演越烈。這會引起壓力，而壓力會隨著時間累積，並且在分手不久後或離婚前一到兩年（通常就是實際分開的時間點）達到高峰。

總結來說，我們的研究結果與定點理論一致：愛情中的喜悅與悲傷會讓我們經歷人生所有的高峰與低谷，並讓我們產生一切已成定局的錯覺。戀愛時，我們深信這段戀情會永遠持續；心碎時，我們確信悲傷不會有治癒的一天。但是，平淡乏味的日常生活很快就會把我們拉回現實，或是將我們的幸福程度提升至不受愛情苦樂或人際挫折的影響，而是完全掌握在自己手裡。

訓練時間

感情——到底該怎麼做才好？

沒有一段感情是一帆風順的，總是有起有落。你對伴侶或一段關係抱有什麼樣的期待？如果過度想像，就必然帶來失望與挫折。我們要明白，即使是夢中情人或白馬王子，也不會讓我們一直沉浸在幸福之中。在他們身上我們只能找到自己也擁有的東西——幸福、滿足、心理與身體上的安全感和鼓勵，這些不是對方的責任，而是我們自身的課題。

如果你時常感到壓力，容易因為小事就暴怒，而把自己的沮喪發洩到伴侶身上，這樣會把雙方都搞到精疲力竭。即使抗壓性無法在一夕之間增強，你還是能做點什麼，好讓自己能更順利地應對一般情況和感情關係中的壓力。好好照顧自己吧！這麼做不僅是對你，也對你愛的人有所幫助。

當一段感情搖搖欲墜或破裂時，額外的自我照顧就特別重要。分手對我們來說不簡單，可能會令人非常痛苦，「相思病」這個詞根本不足以表達！與其淡化或壓抑，如果能承認自己的想法與感受，並積極地應對，即使會造成傷害，也會帶給我們更多幫助。

衝突是關係裡的一部分。問問自己，我們是要堅持自己的看法，還是要幸福快樂？因為魚與熊掌不可兼得，至少無法每次都雙贏。所以，請仔細審視你們的吵架模式，你們是否能找出一種應對方式，即使意見分歧也能彼此尊重？如果還無法做到，那就一起去找出這個方法吧！

換你試試看！

換位思考

與他人意見分歧時，我們經常會覺得對方不理解、不傾聽或是完全忽視我們。想要改善這點，祕訣不在於雙方對任何事都要有一樣的看法，或是為了和平犧牲自己，而是要透過對方的視角來進行考量。如此一來，我們大多能更順利地理解對方的觀點；在理想的情況下，這些觀點甚至會變得更有趣、更合理，不像一開始看起來那般荒謬。換位思考對於處理衝突有很大的幫助，不妨親自嘗試一下！

這個練習非常簡單，真的令人大開眼界，而且也很有趣！請為自己留下半個鐘頭不被打擾的時間。將兩張椅子面對面擺放，並在其中一張椅子上放一個抱枕（或是一個布娃娃、一臺烤麵包機、一件衣服……），這個物品代表你的對象。請你坐到另一張椅子上。現在，請向對方解釋你的立場，而且要按照你的方式。你可以對這個物品大喊大叫、不厭其煩地向它解釋一切、喋喋不休地逼瘋它，做什麼都可以。

透過這種方式，你可以發洩情緒，而且不會造成傷害。也許還能將你對這件事情真正感到憤怒的原因，歸因於幾個簡單的要點，甚至是找到核心的原由。「你總是和你的朋友出去玩，忘記我們的約會！」這句話可以更誠實地表達成：「我擔心自己對你來說並不重要。」如果你願意的話，可以把這些重要的想法錄起來，或是寫下來。

現在，請站起來抖動全身，把所有的憤怒、挫折甚至是「你自己」，都從身上甩掉。請把那個物品放到你剛才坐的椅子上。它現在代表你，坐在你的位子上。

接著，請你坐到對方剛才坐的椅子上，並請看著另一張椅子上的「你」。坐在這張椅子上的你，現在也代表對方的立場。你耐心地傾聽所有理由，現在輪到你以對方的立場，對聽到的內容做出反應。

請告訴代表你的那個物品，站在這個立場的你是如何看待這件事、如何看待這種情況，以及你對什麼生氣、你在意的是什麼？請毫無保留地把你的心聲都說出來。說完後，你一樣可以把剛才說過的話拆成幾個重點，也許是：「你希望能在我的生活裡占據更多空間，但我也需要屬於自己的空間！」請把這些陳述也錄起來，或記下來。

現在，請站起來，甩掉對方的想法，並謝謝那個物品的合作。接著，請思考剛才聽到的內容：你有學到新東西嗎？有開啟你的其他視角嗎？你是否能稍微站在對方的立場來看待這件事了？

有需要的話儘管隨時練習。

如果沒有孩子幫助我們持續重獲新生，
人類將會衰退。

——瑪麗亞・蒙特梭利（Maria Montessori），義大利教育家

Ch.7

子女的祝福
——孩子如何影響我們的性格

寶寶哭鬧了整晚，不喝奶卻排出了大人份量的便便……哦！真是奇蹟。不過，那對帶著黑眼圈的新手爸媽，卻幸福地看著嬰兒，癡迷地說：「你只要看我一眼，就足以彌補一切了！」

毫無疑問，生小孩是生命中最美妙的經歷之一。但他的出生完全顛覆了我們的日常，而且是長久地改變。來到他十五歲那年，為了跟隨樂團巡迴演出而輟學，或是十八歲開車撞到樹、二十歲拒絕上大學時，有些父母就會問自己：生小孩到底是誰的主意，怎麼不養一隻狗就好了？

身為父母的我們必須早起，但不是在早晨悠閒地以咖啡和報紙開啟一天。我們要做午餐三明治，然後看著孩子出門上學，確認他們背上書包。我們要確保他們維持身體健康、有足夠的睡眠，以及不讓垃圾食物和手機占據他們的生活。不論是單打獨鬥或團隊合作，身為父母的我們，直到夜晚昏沉入睡前，都在照看、安排和緩解衝突。所以晚上保母沒時間也沒關係，反正我們也沒力氣出門了。

當家庭和孩子還在遙遠的未來時，生活是多麼簡單。我們不必對任何人負責，最多只需要記得幫橡皮樹澆水；而且，一般來說，我們還可以狂歡，直到胃和肝都受不了。作為父母，我們不能再去歡樂的聚會，而是整夜忙著換尿布；無法流連於酒吧，只能在遊樂場裡消磨時間；不能去泰國當背包客，只好隨便換到波羅的海露營度假。生小孩意味著，必須承擔責任並成為榜樣。普遍認為這會使我們更成熟、更像大人，但真是如此嗎？

入學考：孩子會讓我們「成長」嗎？

剛進入成年期的我們變成熟了，通常也會在這段時間成為父母。因此，兩者之間很可能有因果關係。為了更仔細地觀察這個可能的關聯性，我們相互比較了以下兩個群體（資料來源為德國社會經濟調查小組）：在研究期間內生下第一個孩子的人（約七千人），以及在這段期間前後都沒有小孩的人（約一萬三千人）。在研究開始前就已經有小孩的人，我們不列入分析（參考文獻38）。

結果顯示，在第一個孩子出生前，他們的性格早已有所差異。平均來說，在研究期間內生了第一個孩子的人，比後來沒生小孩的那些人更外向，卻也更不開放。原因很容易理解：熱愛交際、活潑、對社交開放的人，比起重視寧靜、享受獨處的人，可能更容易想像繽紛又喧鬧的家庭生活。而且，相較於優先考慮異國旅行、文化考察和古怪嗜好的人，孩子、房子和花園往往更符合那些比較傳統的人的規畫。

我們也研究，第一個孩子出生後，父母的性格會如何變化。根據社會投資原則，新手爸媽會因為新的角色而變得更有責任感、更親切、情緒也更穩定。結果並非如此——就這層意義上來說，孩子讓我們「更成熟」的假說並未獲得證實。在第一個孩子出生後，他們反而變得更外向，同時也變得更保守。乍看可能令人訝異，但仔細思考後，這是有道理的。在混亂的家庭日常中，獨處時光或甜蜜的兩人世界是很珍貴或根本不存在的。我們通常會在兒童泳池、遊樂場或孩子們的生日派對，這些熱鬧又吵雜的場合遇到年輕的父母，而幾乎不會在文化活動、歌劇院、文學工作坊或藝術展覽上看到他們，因為要動腦的興趣與文化活動一點也不符合小小孩的需求。

早一點或晚一點成為父母，有差別嗎？

雖然根據（準）父母的總體樣本，並無跡象顯示他們會變得更加盡責，不過不同年齡層的盡責程度卻發生了變化。值得注意的是，這些變化是往不同的方向發展。十七歲到二十三歲生下第一個孩子的年輕父母，成為父母後的第一年，明顯表現得比以往更盡責，原因可以這麼解釋：在第一個孩子出生前，他們通常還沒有太多的義務。他們還在念高中、大學或當學徒，享受青春所帶來的美好自由。第一個孩子的誕生，迫使他們要在一夕之間變成大人，把孩子的需求置於優先。比起已經有更多人生經驗的父母，生孩子對他們來說是極大的轉捩點。但顯然，年輕的父母會找回屬於青春的輕鬆和隨興，因為在第一年之後，他們的責任心便不再成長。

中年（二十四歲到三十五歲）的父母，在孩子出生後也會變得比以前更有責任感。這個效果雖然不太明顯，但卻很持久——如同社會投資原則所預期的。對於三十六歲到五十歲生下第一胎的父母來說，情況正好相反：長遠來看，孩子出生後，他們變得不如以往盡責。一種可能的解釋是，比較晚才生小孩的人，經常會為了事業而推遲建立家庭。他們通常都受過教育、野心勃勃又充滿決心，成家前在職場上已小有成就。孩子迫使他們在職涯發展上放慢腳步、降低自己的抱負、重新設定優先事項。同時，他們也不一定要將工作上日漸減少的責任心投入到家庭中。年紀稍長的父母，通常在財務上也更有彈性，有需要時，能負擔日間保母或幼兒園裡的高級日托，以緩解育兒所帶來的壓力。

母親與父親，他們各自經歷了什麼？

（準）父母的性別也扮演了關鍵角色。產後，媽媽會變得更和善，爸爸則是變得更有責任感。我們可以想像，原因可能是生物學上的差異所造成的：在孕期與產後，女性經歷了無數的生理變化。例如，在產後不久以及哺乳時，她們會釋放俗稱「擁抱荷爾蒙」的催產素，以強化母親與嬰兒的關係。另一方面，男性則因睪固酮的增加而變得更強壯、更果斷也更有支配力——至少根據進化心理學理論是如此。

性別的影響也可能是不同的角色期待所造成的。根據世俗的刻板印象，我們通常期待母親能全心全意地照顧寶寶，也就是展現出典型的親和人格特質。同時，父親則被視為一家之主和保護者，他們必須努力工作、刻苦勤勉地賺錢養家，這完全就是盡責性的特質。這種父權體制的刻板角色分配似乎已過時，但依然廣泛存在——光是在德國就很普遍，許多家庭的主要經濟來源是父親。（根據德國聯邦統計局的數據，二〇二〇年女性的平均收入比男性低百分之十八，平均時薪也少了四．〇八歐元。）與女性相比，男性比較少請育嬰假，請假期間比較短，也較少從事兼職工作。總體來說，社會對於父母的不同期待，能夠合理解釋為什麼女性在生產後會變得更和善，而男性則更有責任感。

我們什麼時候才會變成熟？

孩子可能會對我們產生許多影響，不過平均而言，並不會使我們變得更有紀律、更隨和或更穩定。換句話說，孩子可能會讓我們變老，但不是成熟！並不是只有我們的研究得出這項結果，其他的調查也指出，第一個孩子出生的前後幾年，我們的性格幾乎沒有變化（參考文獻39）。

怎麼會這樣呢？通常，我們會將人格心理學中的「成熟」（也就是盡責、親切和穩定的情緒）展現在職場上。我們會在工作中表現得很盡責，我們準時、可靠、有紀律又勤奮。然而，對新手爸媽來說，工作暫時退居次位，這種現象會一直持續，對女性來說尤其如此，因為她們通常會請比較長的育嬰假，並在職涯上做出妥協。因此，這明顯不利於盡責性。另一方面，對於生小孩後仍從事全職工作的父母來說，幾乎不可避免地必須降低盡責程度，因為肩上要承擔的工作變多了，就很難在各方面都百分之百付出。因此，洗好的衣服會被擱在一旁、吸塵清潔工作被拖延、不太緊迫的事就授權給別人處理。

我們所預期的成熟效應並未發生，也可能是因為身為父母的我們很少收到直接的回饋（至少在孩子還不會說話的時候）。家裡一片混亂、寶寶在哭鬧、另一半在抱怨，這都常常讓我們不知道自己可以或應該做些什麼來改善情況。

職場上則不一樣，沒來上班、未達成工作目標以及不當的舉止，通常會及時且明確地被指正。（如果夠幸運，不只會聽到輕蔑的嘟嚷或帶有被動攻擊性的抱怨，還會得到有建設性的反饋。）這些都明顯有利於修正自己的行為。

孩子是幸福的因素——他會讓我們快樂嗎？

啊，就是這樣的一個孩子！他讓生活變得完滿，讓作為母親的女性感到滿足，讓身為一家之主的男性感到自豪。不論這個可愛的小傢伙讓人多麼費力，只要他對你微笑，睡眠不足的夜晚、經濟上的憂慮和被擱置的愛情生活，就會被忘得一乾二淨了。父母就這樣成了更棒的人：慈愛又有條理，總是很明理，完全知道生命的意義是什麼——多虧了他們的孩子！

如果定點理論有效，我們就無法假設，孩子會讓我們的幸福程度持續躍升至（幾乎是）如此不可思議的高度。根據該理論，幸福程度雖然會受到正向和負向事件的影響而變得更好或更糟，但長期下來，會再次回到我們自己的幸福預定值。因此，孩子頂多只會讓我們短暫地比以前還要幸福。

為了回應以下問題，我調查並分析了這項假設（資料庫為德國社會經濟調查小組）：第一個孩子出生的前後五年，父母的生活滿意度與情緒感受會如何變化？結果顯示，早在第一個孩子出生的前五年，生活滿意度和日常的幸福感就已提升。新手爸媽在第一年裡，因為孩子而明顯比以前更滿足也更幸福。然而，這個效果在接下來的幾年便消失了，因此在孩子出生的五年後，他們的滿足和幸福程度幾乎又回到與成為父母前一樣（參考文獻40）。定點理論是大贏家！

此外，在第一年裡，新手爸媽通常會比以前更少生氣。也許在被拉回現實前，他們還沉浸在成為父母的欣喜之中。在接下來的日子裡，憤怒的感受會顯著增加。平均來說，在孩子出生後的頭幾年裡，父母會比五年前還要更常生氣。（目前我們還無法確定，這個結果是因為家庭生活並不總是像繪本描繪的那般美好，或是有其他原因。）

總結來說，研究結果清楚表明，生小孩並不保證會帶來一段持續的幸福生活。孩子讓我們感到滿足，但也會引起壓力，進而耗損與伴侶的關係。在進一步的研究中我還發現，孩子出生後，新手媽媽對與另一半的關係感到更不滿意，覺得自己與伴侶不如以往親密（參考文獻41）。不只是爭吵和溝通問題，性生活的難處在孩子出生的頭幾個月內也會增加（參考文獻42）。這個發現與其他研究結果一致，父母在孩子出生後，不只對生活的滿意度會退回預定值，對於和伴侶的關係甚至變得比以往更不滿意（參考文獻43）。

原因很容易理解。身為父母，與哭鬧的嬰兒、上頭有不詳汙漬的T恤和小傢伙鼓鼓的尿布相處的日常，一點也不性感，反而是一場睡不飽且伴隨許多壓力的挑戰。一對熱戀的情侶變成疲憊不堪的父母，既沒時間享受浪漫的夜晚，也沒精力投入持久的愛情之夜，取而代之的是，因不同教育觀點而展開的爭吵。因此，「孩子能挽救一段關係」這個牢不可破的迷思，顯然是個致命的錯誤。如果伴侶關係在這之前就岌岌可危，孩子會成為壓垮他們的最後一根稻草。孩子不會讓關係變得完美，而是會——完全相反地——帶來嚴峻的考驗。

科學觀點

幸福的媽媽，冷靜的爸爸？

我們的分析還揭示了其他現象，那就是（準）媽媽的幸福程度變化得比爸爸還要強烈。尤其女性在生小孩後的第一年，明顯比之前更滿足也更幸福，而男性在這方面幾乎沒什麼變化。在我的另一項研究裡，這種性別作用的效果甚至更強烈，可以看到媽媽的心理健康狀態在懷孕期間就已經增強，孩子出生後也比以前更好（參考文獻44），而爸爸卻什麼都沒有改變！我們也許可以帶著善意，以生物學的差異來解釋這種情況：和男性相反，女性在懷孕及哺乳期間經歷了巨大的生理變化，包括荷爾蒙的改變。情緒固然會因為不同的神經傳導系統作用而改變，但我們也猜測，這與性別刻板印象所產生的結果也有關係。至今，許多媽媽對於自身的母親角色認同仍然比爸爸強烈，並將其視為幸福與滿足感的重要來源。

剛開始帶孩子可能會很辛苦，所以這段時間有人能依靠就顯得更重要。在我與德勒斯登工業大學的夥伴進行的另一項研究中，我們發現，在懷孕期間就受到良好支持的女性，之後比較少感受到壓力、不安和憂鬱（參考文獻45）。同時，生產後所感受到的支持則有所減少（參考文獻46）。也就是說，生完孩子後的頭幾個月，新手媽媽獲得的支援感覺比以前少。這聽起來可能令人訝異，因為旁人想幫忙的意願從一開始幾乎就不曾間斷。大家都會來探望，但卻沒有意識到，比起支持，這對媽媽來說更像是壓力。連沒有小孩的人手邊都有很多妙計，而睡眠不足的我們，只能奮力找出可行的節奏。儘管這些妙計的幫助可能很大，但新手媽媽（當然還有爸爸）經常認為自己無法勝任他們的新任務。畢竟，夜裡他們幾乎再也無法好好闔眼，還要不停地輕哄懷裡哭鬧不休的小傢伙，連刷牙、沖澡和吃飯都變成難以完成的事情。因此，尋求幫助的渴望也就特別高，而期望與實際獲得的支持之間的差距也會特別大。這能說明為什麼媽媽們不滿意她們的支持網絡——這個想法也許不太公平，但可以理解。

孩子帶來的是幸福或壓力，不只與環境有關，也取決於我們自己的性格。我們的研究指出，平均來說，情緒更穩定、更外向也更盡責的女性，在懷孕期間及帶小孩的前幾個月，感受上會比前述人格特質表現較低的女性來得好（參考文獻45）。情緒穩定的人通常更具有抗壓性，因此這樣的媽媽可能比較不會在睡眠不足的狀態下，對嬰兒的哭鬧、堆積如山的尿布及其味道感到絕望。盡責的媽媽能透過有遠見的計畫和靈活的安排，來緩解育兒初期的壓力。最後，外向的媽媽可能更樂於與他人交流分享。一般來說，外向者不只擁有更緊密的社交網絡，讓她們在有需要時能隨手取得嬰兒監視器和創傷藥膏（給小傢伙的），或助眠滴劑（給大人的），當她們需要幫助時，也會更清楚直接地向伴侶、家人或熟人求助。

訓練時間

從零開始的育兒術，輕鬆上軌道！

如果我們在物質及心理層面都及時做好準備，而不是讓成為父母這件事殺個我們措手不及，這樣會非常有幫助。幾乎沒有人會在生完小孩後才買第一套用品。同樣地，最好盡早考慮未來的家庭生活經營：哪些家事該由誰來做？什麼時候該做？如何平衡工作日常與家庭生活——不只在一開始，而是長遠的規畫？哪裡能找到托兒所？遇上緊急情況時，誰能來當保母？尤其在重要的事情上，備案值千金。因為莫非定律也適用於此，碰上越重要的約會，保母就病得越重。

安全起見，我們得假設自己擁有一個「萬中選一」的嬰兒，他晚上哭鬧而且不睡覺，肚子痛得很厲害，還把早餐吐到你最愛的毛衣上，一點也不像媽咪部落格上說的那樣——沒有鼻涕也很容易照顧。這些需要密切照護的幼兒並非例外。（如果你因為孩子長大而鬆了一口氣，以為最糟的時期已經過去了，請小心，青春期很快就會來敲門。）

讓我們審視自己所期望的育兒生活，請誠實面對自己！媒體上塑造出的完美幸福媽咪和自豪老爸，最喜歡在晚上起床幫寶寶換尿布——說實話，現實生活幾乎不是這樣。每個人和孩子一起經歷的（最初）時光都不同，很少符合電視廣告中的完美家庭生活。因此，關於我們和孩子的生活應該是什麼樣子，以及作為父母的我們該展現出什麼樣的行為，請試著讓自己與他人的想像保持適當距離。請想清楚，哪些是外界對你的期待，哪些則是我們自己的願望。

讓我們實際一點。如果你的寶寶沒有立刻展現出過人的天賦，請不要給他、也不要給你自己壓力。一開始，對帶孩子的新生活感到陌生且超出負荷是很正常的。作為父母，感受不到至高的喜悅也完全正常。

另外，也請試著實際看待伴侶關係所遭遇的問題。你的寶寶會改變你們的關係，而且絕對不是變簡單。你可能會感到被誤解、被拋下或受到不公平的對待。孩子出生後，年輕父母會覺得自己不如理想中的那樣迷人、性感又有吸引力。因為兩人世界突然消失了，你的伴侶可能會覺得自己被忽視。也許你們現在才意識到，彼此對家庭與家務分工的想像相距甚遠，因而感到十分疲倦、無法負荷又煩躁。請試著對自己和伴侶，以及（擅自）帶著建議和行動、想像與批評、期望和指示的其他人寬容一點。

我們要知道，每一個重大的生命事件，無論看起來多麼美好，都可能會讓生活發生天翻地覆的變化，需要進行大幅度的調整來適應，我們很容易輕忽這一點。請拍拍自己的肩並稱讚自己，即使不是所有事從一開始就如預期般地順利進行，自己也已經盡力了。我們仍然在學習，而學習是一個過程。越能擺脱僵化的思考，就越能從容地面對新的情況。科學研究經常涉及平均變化，但也表明個體之間存在著差異。關於成為父母這件事，我們每個人應對的方式都不同，沒有好壞之分，單純只是不一樣。如果你偏離平均值，請不用擔心，這完全是正常的——這是獨特性的證明！

換你試試看！

父母的正念練習

你會要求自己成為一位「完美的」媽媽或爸爸嗎？像天使一樣充滿愛心，像巨型竹節蟲一樣有耐力（實際上這些昆蟲可以連續交配長達十週！），像青草一樣平靜，像即將退休的心理治療師一樣富有同情心，像康德一樣理性，像水晶球一樣有遠見？（而且還能每天煮出快速、健康、多變又好吃的菜色？）

你是否注意到，自己的理想與現實之間常常存在著差距呢？你是否對自己有時會出現的「可怕」念頭與感受感到震驚呢？你是否認為自己無法像一般認知的那樣去愛你的孩子？如果他整晚又哭又鬧，你會想把他扔到牆上嗎？如果他在遠足之前就哭鬧糾纏、令人難以忍受，你會想把他永遠都留在停車場嗎？你是否想將他送到育幼院，因為自己已經疲憊不堪了？還是你其實對於生下小寶貝們深感懊悔（後悔當媽媽）？也許在這些時刻裡，你還察覺到自己對孩子的憤怒，甚至是真實的憎恨。

在這個父母角色充滿神祕色彩的社會，對許多人來說，這樣的想法與感受是禁忌，但它們是正常的！如果我們試圖壓抑，這些想法與感受通常會變得更強烈，就像一顆水球，會用盡全力浮回水面；或像一個套索，拉得越用力就收得越緊。我們強行推開的感受不會減少，反而會增強，而且還會耗費我們大量的精力。因此，不帶評斷地接納並仔細感知這些感受，是很重要的。當我們接受這些不愉快的想法與感受，並且不因此而責怪自己，它們通常會隨著時間而自然消散。

你不是超人，也不需要成為超人才能勝任媽媽或爸爸的工作。如果不斷給自己壓力，長期下來會讓人崩潰。這對任何人來説都沒有好處，更別説是你的孩子！請試著接納偶爾出現的負面情緒，以下的練習會幫助你。

請找一個安靜的地方，一段不受打擾的時間，並讓自己放鬆。

請想像一個與你的孩子有關的情境——對你來説特別有挑戰的情境。

請將注意力集中到這種情況下你所產生的想法與感受。你有什麼想法和感受？如果不強行將它們壓抑下去，哪些情緒會浮現上來？

請邀請所有與這個情況有關的感受都來到你面前，你只需要看著，不需要評價或貶低它們。你會發現：「真有趣，居然也有這種感覺，還有哪些呢？」

接納自己的感受時，你會覺得不舒服嗎？你會更想忽視它們嗎？它們與你所想像的母親或父親的形象不符合嗎？這種不適感是一個很棒的提示，它會點出真正「困擾」你的是什麼。

請在你不舒適的感受中深呼吸。這麼做有任何改變嗎？也許你感到如此不適，甚至有一股想結束這個練習的衝動。這也是一種正常的感受，你只需要意識到它的存在。

當你接受現在湧現的這些不舒服的感受時，會發生什麼事？如果你只是對它們說：「你在這裡啊，你是我的一部分，一切都很好。」你能接受它們嗎？還是你會抗拒？它們讓你感到害怕嗎？

請持續將注意力放在這些感受上。在這個想像的情境中，你會對身為父母的自己感到同情嗎？你是否能看出自己在負面的想法與感受中動搖，卻仍盡力扮演好媽媽或爸爸的角色？

請想像你的心就像一道明亮的光一樣散發出去。這道光會隨著每次心跳擴散，填滿你的整個胸部、包圍你的全身，並且布滿整個空間。每一次的心跳都籠罩著不適的感覺，每一次的跳動都在訴說：「這所有的一切都是我的一部分。」

這道明亮的光可以包容你內心的一切，容納你不適的感受。一切都很好。把不適的感覺都交託給這道光。你不是超人，只需要盡你所能。

現在，請回想那個與你的孩子有關的情境。你仍然感受到開始練習時的那種感覺嗎？它們有變化嗎？如果這些感受依然存在，你可以接受嗎？

請感謝你的感受，也謝謝你自己。

請深呼吸幾次，然後按自己的節奏數到五，睜開眼睛，慢慢地回來。

人生的低谷成為我重建生活的堅實基礎。

——J·K·羅琳（J. K. Rowling），英國小說家

Ch.8

壓力、疾病與失去對性格的影響

人生不是野餐，不是夢想音樂會，也不是小馬牧場。這些和有趣的插圖一起繪製在T恤、問候卡片與馬克杯上的德國諺語，是在提醒我們：人生有時會比我們所想的更為艱難。事實上，我們常常不知道自己具體想要的是什麼，這讓情況變得更困難。但是，當無止境的壓力一點也不願善罷甘休時，這些機智的格言是否能讓我們做好準備，面對即將發生的事呢？幾乎不可能！英文俗諺「不雨則已，一雨傾盆」就點出了重點：「禍不單行。」這個（開口朝下的）壓力量表會出現令人窒息的波動。生命中也會有這樣的時刻，即使是狂熱的癮君子，也會把他們的香菸放到一旁，因為他們根本無法吸入與他們感受到的壓力一樣多的菸。在這些時刻裡，我們——雖然並未參與經營管理——卻突然患上那個惡名昭彰的「經理病」[1]。日常生活讓我們如此精疲力盡，就好像我們正在幫助一個衰老的搖滾樂團重返舞臺。真正糟糕的是，我們常常承受許多壓力，卻得不到相對應的回饋：沒有管理階層的薪資加給、不會出現在得獎感言裡，甚至連一個禮物籃也沒有。

「至少情況不會變得更糟」，我們試圖安慰自己。接著，突如其來的分手，或是沒人預料到的診斷就找上門了。在最糟糕的情況下，命運帶給我們的失去經歷是多麼地痛苦，幾乎難以克服。當我們僅僅為了生存就必須用盡全力，哪裡還有空閒去談論野餐、夢想音樂會或小馬牧場。這帶出了一個問題：壓力、疾病和失去的經驗，究竟會如何影響我們的幸福與性格？

生活中的毒藥：壓力

在我們這樣繁忙、以績效為導向的已開發國家裡，壓力簡直是最有效的健康殺手，不僅會造成身體上的病痛，也可能導致精神疾病。我和德勒斯登大學的夥伴一起從一項針對三千多名德國青少年和年輕成人的代表性抽樣調查中，研究那些在日常生活中更常處於壓力之下、遭遇更多壓力事件或甚至是創傷

---

1 指的是因為身體與心理過度負荷，導致自律神經失調而引起的心血管系統疾病。由於特別容易發生在擔任要職的人身上，故得此名。

經驗的人將來會如何發展（參考文獻47～49）。結果令人訝異，比起較少陷入壓力的人，那些嚴重受到壓力影響的人，更容易在接下來的十年裡患上精神疾患，包括憂鬱症、焦慮症、強迫症、藥物濫用，例如尼古丁成癮、酗酒或吸毒，以及其他問題。這些狀況不是這樣就結束了，更會在往後的人生中造成許多有害的後果（參考文獻50）。

科學觀點

危險迫在眉睫！

危險，指的是可能導致負面結果的情況或事件。因此，危險最主要的特點是不確定性及難以估量的風險。舉例來說，如果我們的親友病得很重，我們不知道他是否會康復，或是可能得準備面對他的死亡。所以，危險讓我們感到害怕是有道理的。

失去，代表令人擔憂的恐怖場景已經發生。這意味著，雖然不確定性消失了，但最糟糕的情況已化為現實：所愛之人已經離開了，我們哀悼他所留下的空白。因此，失去明顯會導致憂鬱。

二〇一五年，在一份與德勒斯登大學的夥伴一起進行的研究中，我更深入地探討以下問題（參考文獻51）：危險事件是否與罹患焦慮症，而非憂鬱症的風險有關？以及比起焦慮症，因失去的經驗而罹患憂鬱症的風險是否會更高？為此，我們從一份代表性的研究中評估了超過三千名青少年與年輕成人的數據。研究開始時，他們的年齡落在十四歲至二十四歲之間，並在十年內接受多達四次的調查。研究開始時，我問他們，在過去的五年裡是否經歷過某些失去的經驗，像是至親死亡、分手或學業中斷。同時，我們也掌握他們經歷過的危險事件，包含嚴重的衝突、重大的財務危機，以及學校與工作上的問題。特別的是，在這四次評估中，為了了解受測者是否有各種心理問題和障礙，包括焦慮症與憂鬱症，他們都接受了好幾個小時的訪談。

我們只將研究開始時，還未曾罹患過焦慮症或憂鬱症的兩千三百零四人納入分析，研究結果如下：一開始說自己經歷過較多失去經驗的受測者，在未來的十年內，首次罹患憂鬱症而非焦慮症的風險比較高。而危險事件不僅會增加憂鬱症，也會增加罹患焦慮症的風險。總體來說，研究結果支持這項假設，即危險事件會觸發焦慮症和憂鬱症，而失去的經驗特別會導致憂鬱症。

當我們被迫面對並克服超出自身資源與能力的要求時，就會產生壓力。我們認為自己（再也）無法應付這一切，遲早會屈服。當事態的壓力持續，看不到喘息的機會時，更會如此。

壓力有許多面向。當我們的基本需求得不到滿足、熬夜或血糖過低時，我們對壓力就更無招架之力，也特別容易感到無法負荷。拿身體來說，極度的熱或冷會對身體造成壓力。為了讓器官維持正常運作，我們的體溫需要維持在攝氏三十七度左右。如果外面太熱或太冷，為了維持這個溫度，身體就必須付出極大的努力來對抗。社會壓力則來自職場中的霸凌、花園柵欄上的鄰居衝突、朋友間的爭執，以及與摯愛的爭吵或對孩子的擔憂。如果房子不舒適，狹小又布滿垃圾，或是鄰居特別喜歡在晚上把電子搖滾樂的音量調大，那麼即使在家也會感到有壓力。此外，是否有穩定的住所當然是頭號的壓力來源。經濟壓力源自於對財務的擔憂，像是工資下降、開銷增加、待繳清的帳單或是不斷增加的債務。工作上的壓力來源，則是必須完成的任務太多但時間太少（典型的！）、工作要求超出我們的能力，或是被心理病態的老闆、看似無能的同事或挑剔的客戶逼瘋。

但不論裝扮成什麼樣子，壓力四處潛伏，而且總是讓人抓狂。令人驚訝的是，壓力本身是有益處且有適應性的，它除了完成自己的工作，對我們的身體發出危險逼近的信號外，什麼也沒做。為了確保我們的安全，必須立刻集結起所有能動員的力量，石器時代就是一個例證。當劍齒虎（這是史前時代威脅的極端例子）抬起頭，露出尖牙並伸出爪子時，我們的祖先面臨迫在眉睫的生命危險，只能選擇戰鬥或逃跑來脫離險境，這就是所謂的「戰逃反應」。

身體與心理的潛在壓力

如今，在沒清理的狗屎上滑倒的機率，遠大於被野生動物攻擊的風險。但是，壓力在我們身上引發的反應仍然相同。透過荷爾蒙的變化，壓力讓我們的身體啟動了一系列的過程，讓我們為抓取武器或拔腿狂奔做最好的準備：瞳孔放大、支氣管擴張、大腦接受更多的血液，以及脈搏、凝血功能和血壓上升。我們會流更多的汗、肌肉收縮，進而消耗更多的能量。同時，我們的身體會關閉所有對生存來說非即刻必要的機能，包括四肢變冷、消化變慢、性慾下降。（在確保安全前，或危機剛解除的危急時刻中還能先做愛一回的，幾乎只會發生在動作片裡。）

在危險逼近的短暫時刻內，為了應付提高的要求，我們會變得更有能力也更有抵抗力。但是長期下來，這套壓力應變計畫會耗盡我們的資源。如果壓力在達到高峰後仍持續存在而不消退，就會耗盡我們的能量。在慢性壓力已成為普遍現象的社會裡，這可能會帶來致命的後果。對石器時代的人們來說，劍齒虎只是偶爾出現，但對我們來說，感官超載和負擔過重卻是不停歇的日常。

單純從生理層面來看，持續性的壓力會讓我們生病。對生物體會造成壓力的斷食或冷療等方法，短期使用能產生正面效果，但長期下來，這些壓力因素會讓我們餓死或凍死。不過，我們總是忽略持續性的壓力也會造成精神層面的耗損，原因顯而易見：持續處於緊繃狀態，無法減輕壓力也無法恢復我們的精力，反而會削弱免疫系統，讓我們更容易受到病毒感染。而且，壓力大的時候，我們也會做出更多不健康的事，像是更少運動、吃垃圾食物、抽更多菸、喝更多酒，或是藉由藥物的幫助讓自己舒服一點。長久下來當然只會導致相反的局面。

如果我們沒有及時將電池從高效能模式切換成省電模式——或更好的是——主動充電，每顆電池都會有沒電的時候。雖然我們能輕易地換掉電力耗盡的電池，但對我們的生理與心理來說，卻沒這麼簡單。慢性壓力會引發許多嚴重的健康問題，像是頭痛和偏頭痛等病痛、肌肉緊繃、喉頸和背部疼痛、消化困難、睡眠障礙、病毒感染、肥胖、糖尿病等代謝疾病，最後還有被稱作

「永眠經理入場券」的心肌梗塞。最常見的心理問題，則包括惡名昭彰的過勞、憂鬱症、焦慮症和尼古丁成癮、酒精或毒品等藥物濫用。生理與心理常常是一體兩面的，如同我們即將在下一段所看到的。

科學觀點

輕鬆減壓法，從容應付日常壓力

如何更從容地應對工作與生活的挑戰，即使身處日常混亂中也能保持放鬆？在一項預防研究中，我和德勒斯登大學的夥伴一起調查具有針對性的快速放鬆訓練，是否能幫助減少與壓力有關的問題，並促進「有益的」人格特質發展（例如自我效能）。我們將兩百七十七名嚴重受到壓力、焦慮或憂鬱症狀所苦的人，隨機分成對照組及參與十週「輕鬆減壓」訓練課程的實驗組（參考文獻52 & 53）。

在輕鬆減壓的訓練中，參加者會先學習漸進式的肌肉放鬆技巧，以舒適的坐姿或平躺，慢慢地讓所有肌肉先繃緊再放鬆，直到身體達到深層放鬆的狀態。這項技巧所需的時間會逐漸縮短，並可擴大應用到日常生活中。參加者在放鬆的狀態下接受訓練，讓自己在呼吸節奏中挪動各個身體部位，在站立、行走或從事簡單的活動時，能快速又集中地放鬆。最後，不僅是在一般情況下，他們也學會將這項技巧應用於壓力處境。只要定期在家練習，當緊張的症狀出現時，完成訓練的人就能在短短的二十至三十秒內集中又有針對性地放鬆。

另外，為了比較實驗組與對照組的健康變化，我們也在實驗前、後及實驗結束一年後，對參加者進行不同的訪問與測量。他們反覆接受診斷式訪談、在日常生活中透過智慧型手機回報健康狀況，也提供毛髮與唾液樣本，讓我們分析他們的壓力荷爾蒙皮質醇。

結果證實，輕鬆減壓訓練是一帖妙方，能顯著降低那些為壓力所苦的人，在日常生活中的憂鬱症狀、焦慮、壓力、憤怒、身體上的不適或睡眠障礙。接受訓練的一年後，實驗組出現隱性心理障礙的風險明顯低於對照組。不只是心理健康，性格層面也出現正向的轉變。接受訓練後，這些初出茅廬的放鬆專家（實驗組），遭遇生活壓力時，比起負面的策略，更常選擇對自己有幫助的因應對策（像是選擇積極的自我肯定和放鬆，而不是逃跑或逃避）。因此，他們的自我效能也提高了。結論是，長遠來看，具有針對性的放鬆訓練是值得的！更多關於輕鬆減壓訓練的資訊請看：www.evaasselmann.com

失去健康的那一刻：疾病

我們都曾遇過令人倒胃口或大動肝火的情況。當我們發「火」，長期下來就變成胃灼熱；當我們「一股腦兒地」思索事情，最後就遭受頭痛之苦。我們的身體與心靈錯綜複雜地交織在一起，我的研究成果也清楚地表明這一點。在這項研究中，我和德勒斯登大學的夥伴一起從德國全科醫師[2]診所和其他照護機構中，分析了近八萬四千名病患的數據（參考文獻54）。研究指出，患有心血管疾病、高血壓、內分泌失調、糖尿病、胃腸道疾病和神經系統疾病的人，與沒有被診斷出這些疾病的人相比，更容易受到憂鬱症所苦。

一方面，心理問題會增加身體產生病痛的風險。我們所遭受的壓力、焦慮、憂鬱和成癮問題不只局限於大腦（而且這也不是幻覺），更會影響整個身體。例如，憂鬱症會讓不同的神經傳導物質（血清素和正腎上腺素）、免疫功能與發炎指數發生變化，這反過來也會讓我們對疼痛、感染和炎症性疾病更加沒有抵抗力。

另一方面，產生心理問題的風險，也會因日常生活受到身體病痛的限制而增加。難以擊退的病痛、急性感染、慢性或是危及生命的疾病令人沮喪，這不僅對身體造成傷害，也是精神上的折磨。如果是嚴重的健康問題，甚至必須賠

2 在德國，生病通常會先找一般診所的全科醫生，或是長年習慣的家庭醫生。

上一生去面對。我們承受壓力的能力和效率會變得更差，甚至可能再也無法工作。過去輕鬆就能完成的事——每週的採買、打掃或是每天洗澡刷牙——突然都做不到了。而且，我們也必須限制自己的休閒活動，因此運動和社交活動不得不先被放到一旁。而這些正好是我們減輕壓力、克服挫折和維持好心情的重要管道。不幸的是，它們卻在我們最需要的時候消失了。

取而代之的是，我們現在面臨更多的挑戰，包括：生活上所需的幫助、尋求（更好的）醫療照護、因無法工作而造成的經濟損失，還要支付額外治療的高昂費用，而與醫療保險公司令人討厭的爭訟，也可能在這時來插一腳。這一切都降低了我們自主生活的可能性，也削弱了我們認為命運操之在己的信念，知覺控制能力因此而衰退。也許透過外部的力量，能讓自己堅持下去——我們相信，上帝給我們這個「考驗」是有原因的，讓我們承受痛苦以消除罪孽，或是讓來世能過得更順利，否則情況會變得更糟。

超越悲傷：如何面對死亡

事實上，在危機時期，擁有宗教或靈性信仰的人，會過得比沒有任何寄託的人好。由此可見，這種所謂崇高的外部控制力量，對於承受驟然失去是有幫助的。在「正常的情況下」，這些外部控制力量往往是幸福生活的阻礙。平均來說，比起認為命運掌握在自己手中的人，那些相信更崇高的力量或巧合的人，對生活的滿意度比較低。但在危機時刻則相反。我的同事尤勒・絲蓓希特教授，利用德國社會經濟調查小組的數據所做的分析能證明這一點（參考文獻55）：與外部控制傾向較低的人相比，擁有高度外部控制傾向的人在伴侶逝去的前後，幸福感崩解的程度比較小。這點證明，在極度悲痛的喪期，有能夠信任的外部力量是一項優勢。然而長遠來看，外部控制傾向較低的人會再次占上風。研究顯示，事情發生僅僅兩年之後，他們對生活的滿意度就比那些擁有高度外部控制傾向的人高了，而且這個領先優勢在接下來的幾年會持續增強。

為摯愛哀悼可能是人生中最糟糕的經歷之一。我們從科學研究中得知，這會增加罹患憂鬱症和焦慮症等精神疾病的風險，而且在這段極度悲痛的喪期，我們對生活的滿意度也會急遽下滑（參考文獻43）。當至親離世後，我們各方面的幸福感受，在短期與長期內會如何變化呢？是否會出現劇烈的崩解，多年後仍然持續降低我們的幸福感受？或是隨著時間流逝，我們的幸福感會回升到與之前無憂無慮的時期相同？為此，我也分析了德國社會經濟調查小組的數據（參考文獻56），結果顯示，喪偶、喪子或喪女會讓我們的幸福感急遽下滑，在第一年裡，悲傷的感覺會大幅增加，幸福的感覺則是明顯下降。乍看可能不意外，然而有趣的是，這些人的幸福感並不是在失去摯愛後才下滑的，而是早在五年前就已經明顯惡化。

這該如何解釋呢？死神很少會突然找上門來，大概只有發生突發意外或自然災害的時候才會。在大部分的情況下，他會先寄出一張明信片，預告他「即將」出現。起初，我們希望能迅速擊敗的病痛，一旦演變成慢性疾病時，憂慮與恐懼就會增加。模糊的擔憂（誰願意馬上想到最壞的情況）變成無可避免的必然，我們只能任由無助和無力（的感覺）擺布。就像冷水和熱水交替一般，我們的情緒擺盪於希望與絕望、抑制與恐慌、愧疚與憤怒之間。好像這樣還不夠似的，更多的阻礙在這個時候出現了（看醫生、住院、照護和官僚作風），直到生命末期仍要面對這些阻礙，無疑是艱鉅的挑戰。

所有的一切都會隨著死亡而消解，雖然再也無法懷抱希望，但不確定性所造成的壓力也因此消失了。我們的研究顯示，被留下來的這些人，在接下來的幾年，意外地能順利面對失去摯愛的痛苦。在安葬伴侶或孩子的五年後，他們對生活的滿意度、悲傷或快樂的頻率幾乎又恢復到與五年前相同。這種驚人的適應能力證實了定點理論：幸福程度有一個平衡點，我們雖然會在糟糕經歷發生的前後短暫偏離，但通常又會回到平衡點上。

總結來說，研究結果以令人印象深刻的方式闡明，長期下來，許多人都能順利克服極端的壓力。然而，研究結果涉及平均變化，並不是每個人都適用。我們透過研究得知，人們面對命運打擊的方式存在著很大的差異。

更多資訊：請看Chapter 9〈如何培養具有韌性的人格〉

再次孤獨：死亡和分離造成的失去經驗

我們在一段浪漫的關係裡尋求親密、安全與保證，身旁的這個人在各方面都支持著我們——提供道德上的、情感上的建議和實際行動，當然，在理想的情況下還有經濟上的支持。在艱難的時刻，「另一半」會接住我們，沒什麼事會糟糕到兩個人無法克服的。（實際上看起來可能會不太一樣，至少理論上是如此。）

伴侶關係是一座安全的避風港，讓我們產生自己能掌握生活的感覺，進而增加我們知覺控制的能力。在最愛的人身旁，我們一起描繪實現人生計畫的共同未來。當這段關係破裂時，這一切也會隨之消失。那麼，會發生什麼事？不僅波及幸福感，也會對我們的性格造成影響嗎？如上所述，控制傾向會影響我們失去摯愛後的感受。但經歷這樣的事件後，控制傾向本身也會發生變化嗎？

我們在另一項研究中探討，知覺控制能力在我們分手、離婚或伴侶離世的前後五年會如何發展（參考文獻57），結果是：在分手後的第一年，我們的外部控制傾向會變得比之前高。必須強調的是，只有在第一年如此，往後幾年這種現象就消失了！和過去或未來相比，剛分手的人在此刻，更堅信自己的人生受到運氣、命運和其他因素左右，這是有道理的。分手後，我們經常會出現被拋棄、無能為力和任人擺布的感覺。與此同時，對於宗教或其他外部力量的信仰，能幫助我們度過分手所造成的急遽衝擊。因此，外部控制傾向的短期增幅具有重要的調節作用。

我們的研究還揭露了一些有趣的部分。分手五年後，我們的內部控制傾向會逐漸增加回來。這些經歷分手的人，會越來越相信自己能夠重新掌控人生，進而影響自己的命運。乍看可能令人訝異，但其實是可以理解的。一段關係結束前，大多早已出現危機。我們對這段感情越來越不滿意、感到被誤解、衝突仍懸而未解，讓我們一再落入相同的循環裡。分手後，我們通常會陷得更深，但這只是暫時的。之後我們就會以驚人的速度重新振作起來，拍掉身上的灰塵，戴好皇冠，繼續前進。不再像以前那樣，在一段危急的關係中只能高聲怒罵或不發一語，現在我們終於能回過頭來關愛自己了。聯絡老朋友、探索新的興趣或重新開始約會，終於能夠從中找回先前在那段破碎的關係裡所遺失的關注與認可。也許我們會認識更適合自己的人，或是更欣賞單身的好處，而寧願放棄展開一段新的戀情。這確實地推了知覺控制能力一把，讓它在接下來的幾年裡再次增強。

類似情況也發生在伴侶離世的人身上。他們的知覺控制能力在伴侶離開的第一年就變得比之前還要強，甚至會在接下來的幾年裡持續增強。很意外，對吧？這是情有可原的。整天（在工作、家務或養育小孩之外）照顧絕症病患的人，必須先把自己的需求往後擺。伴侶離世後，他們才能再次擁有滿足自己需求與目標的空間，因此自主性與隨之而來的知覺控制能力迅速增加。在伴侶是因衰老而引起的健康問題，或因預料內的病情加劇而離世的情況下，這項解釋是有道理的。但對於伴侶意外離世的人來說，就可能會出現不同心理層面的影響，不過這樣的情況相當少見。

我們在研究伴侶的死亡如何影響五大人格特質時，也得出了相似的結論（參考文獻58）。經歷喪親之痛的人，在不久後會變得不那麼開放，也不太外向，也許是因為他們在尋找能夠釋放悲傷的寧靜。但在接下來的幾年中，他們的情緒會變得越來越穩定。對女性來說尤其如此，和男性相比，她們比較容易用積極的方式來處理失去的感受。

更多資訊：請看Chapter 6〈能被你愛是多麼幸福的一件事——性格與愛情〉

所以，悲傷與分離的經驗，不一定會使我們的知覺控制能力和情緒穩定程度下降——正好相反！有時在經歷失去後，我們會發現，颶風也無法把我們吹走，我們會超越自己的。

訓練時間

危機時期的應對策略

特別是在危機時期，連日常生活的小事都常常壓得我們喘不過氣。在此，我們可以利用一些簡單的技巧，減輕壓力並重新找回行動。

我們永遠無法（完全）排解壓力，但透過合適的技巧，可以學習如何更順利地應付壓力。藉由實際的策略，我們能消解痛苦的根源，如此一來負擔就減輕了，也比較不會產生壓力。待辦事項清單和應用程式裡的行事曆，能幫助我們更靈活地規畫日常活動。為了避免在成堆的紙條中翻找時才驚覺：「糟了，明天是學校、職訓或工作的重要活動！」請試著提早安排，並且按照實際的時間需求去規畫、確認優先順序，以及有意識地設定界線，讓自己能更輕鬆地「拒絕」雜事，或把任務委派給他人。

透過心理技巧，我們能夠化解加劇個人壓力的因素，它們讓我們——特別是在危機時刻——把自己的生活變得更困難。「我就是個失敗的人！」、「我必須完美！」和「我不能犯錯！」等想法，對我們來說沒什麼用處，過度苛求他人、認為凡事都必須自己完成也同樣沒什麼幫助。因此，請審視自己的期待，並嘗試以更有作用的新思維取代負面想法。除了務實和冷靜，適當的幽默感也能帶來真實的驚奇！

復原的技巧能幫助我們舒緩並放鬆。藉著工作中固定的休息時間、下午簡單的伸展、漫步在清新的空氣裡，當然還有我們最愛的興趣，都能幫助自己從裡到外徹底放鬆、重新充飽電。在這方面，刻意的正念與放鬆練習絕對值得推薦。

千萬不要忘記：即使感到極度孤單與痛苦，在危機時刻我們還是能尋求幫助。必要時可以尋求專業的支持，例如心理諮商、治療或悲傷輔導。在這種情況下，家庭醫師是很好的初步庇護所，能提供我們進一步的協助。不要害怕及時地去敲門，那不代表軟弱，而是自我照顧。即使你不確定自己是否需要尋求外界的幫助，如果有疑慮，寧願「多做」也不要少做，「太早」總比太晚好。

換你試試看！

身體掃描放鬆法

我們能從四個面向覺察壓力，它會反映在我們的身體、思想、情緒與行為之中。我們感到心跳加快、膝蓋像果凍一樣軟，心想：「救命啊！這一切超出了我的掌控！」實際上的表現也非常糟糕，比起深呼吸，我們選擇抓起電話斥責同事，因而產生更多的衝突引爆點。久而久之，我們感到越來越有壓力、焦慮、無助或憤怒。因為壓力症狀彼此緊密相連，會相互助長，直到情況一發不可收拾。

放鬆練習能打斷這個惡性循環，幫助我們放慢腳步、心跳恢復平穩、不再顫抖，察覺到自己的內心變得更平靜。此時我們可能就會想著：「我會冷靜地把全部再檢查一次，我可以的！」同時好聲好氣地尋求同事的幫助，而不是去抨擊她。因為放鬆會緩解身體的壓力，讓我們的思路變得更清晰、行動更靈活，並和緩原先的情況。最重要的是，這當然也會讓我們的情緒變得更好。

不只如此，放鬆訓練還能幫助我們更有意識地覺察自己的身體狀況，對身體的感覺變得更敏銳。這讓我們未來能更容易及時意識到壓力迫近，並採取相對應的緊急煞車手段。

你想練習多久就練習多久，不用急。請在家裡找一個安靜、舒適的地方，確保自己在這段時間內不會被任何事物打擾，不管是人還是電話。請以你舒適的方式躺下或坐下（站著的效果比較差），把鞋子脱掉、鬆開衣服，如果有需要的話，可以披上讓你覺得舒服的毯子。我們不太可能消除四周所有的吵雜聲（像是肚子咕嚕叫或是可聽見的呼吸聲），但不要讓這些事物干擾你，請試著專注於你的身體。

剛開始你會注意到，身體會隨著每天的生活狀況有所不同。某些日子，你會覺得自己就像睡在壁爐前的法國鬥牛犬一樣，很輕易地就進入放鬆狀態；而有些時候，儘管已經盡了所有努力，仍繃得像一隻弓一樣緊。請不要因此而灰心，萬事起頭難。如果堅持下去，隨著練習次數增加，你會發現自己越來越容易進入放鬆狀態。你可以漸漸縮短練習時間，把練習運用到充滿壓力的日常情境中，讓自己快速地平靜下來。小小的建議，你也可以將下方的正念練習說明錄音播放，讓自己閉眼時也能受到引導。

請閉上眼，深呼吸。先這樣做就好。

如果有效，接著請試試看，自己能否放慢呼吸的速度，能否呼吸得更深沉一點。感覺怎麼樣？你是否察覺到，進入鼻腔的空氣有多新鮮呢？呼氣時，是否能感受到氣息觸碰到上嘴唇的上方？是否發現，自己隨著每次呼吸變得更放鬆一點了呢？

現在，請用你的腳「呼吸」。意思是，隨著每次呼吸將注意力轉移到腳上。它們感覺起來怎麼樣？你能感受到每根腳趾嗎？慢慢來，讓全身都放鬆。

請慢慢地將注意力往上移，越過腳踝，沿著小腿的內側與外側。你也可以想像，有一道明亮的光從體內發出。

你的膝蓋感覺怎麼樣？是輕鬆的嗎？你有感受到壓力或甚至是疼痛嗎？你也能讓它們放鬆嗎？

現在，請慢慢地移動到大腿。感受看看，是否有哪處是緊繃的。

讓這道明亮的光和你的注意力平靜地流過骨盆和臀部。感覺如何？覺得溫暖嗎？或者是一股清新的感覺？請享受隨著每次呼吸，越來越放鬆的感覺。

你的肚子怎麼樣？你的腰有感覺嗎？是放鬆還是緊繃的？

現在，請將你的注意力繼續往上方移動，放鬆地穿越胸腔。你的肺部有什麼感覺？你的背部感覺起來怎麼樣？

接著來到你的肩膀。你的肩膀還是緊繃的嗎？或是已經鬆弛了？請讓它們隨著每一次的呼吸逐漸放鬆。

現在，請將你的注意力和那道明亮的光移動到手臂，然後慢慢地、非常緩慢地越過上臂來到手肘。你的手肘感覺起來怎麼樣？請小心地越過前臂來到手腕。你有感受到它們嗎？右邊和左邊的感覺有不同嗎？現在，氣息越過手背和手掌來到指尖。感覺如何？請完全放輕鬆。

請從手臂繼續往上移動，越過肩膀來到頸部。你在後頸部那裡感受到什麼？這個感覺有受到你的注意力影響而發生變化嗎？

請在腦海裡慢慢地穿過你的後腦勺，讓那道明亮的光沿著你的頭蓋骨前進。你有感覺到什麼因此而改變了嗎？如果有，是怎麼改變的？你感受得到自己現在有多放鬆嗎？

注意力抵達頭頂的時候，請慢慢地向前越過你的臉。你的額頭感覺怎麼樣？是放鬆的嗎？眉頭是皺起來的嗎？當你吸氣時，它有變化嗎？

你的耳朵感覺如何？左邊和右邊的感覺有不一樣嗎？

請將注意力越過眼睛，並繼續感受。

感受一下你的鼻子。呼吸對它產生了什麼作用？你可以讓它再放鬆一點——儘管這聽起來可能很奇怪。

慢慢地將注意力往下移動到嘴巴。你的嘴角在哪裡？你能感受得到嗎？你的嘴唇是閉著還是張開的？那裡的肌肉仍然是緊繃的嗎？

感受一下你的下頷與下巴，是緊閉的，還是放鬆下垂的？

你的脖子怎麼樣？你在脖子裡有感受到什麼東西嗎？

請享受整個身體完全放鬆的感覺。

請深呼吸幾次。按照自己的節奏數到五，睜開眼睛，慢慢地回來。

人生最大的榮耀不在於永不失敗，
而是每次跌倒後都能重新站起來。

——人生智慧

Ch.9

如何培養具有韌性的人格

被老闆斥責、租屋合約因房東要收回自用而終止，偏偏車子剛好在這時無法發動——我們感到徹底失望！生活如此不公平，總是無情地打擊我們！有時，我們真的得耗費時間來應付這類「挑戰」。

後來，我們遇到那位因前男友而背負巨額債務的同事，或是另一位失去住處又同時失業的朋友，我們才發現，和我們無關緊要的小事相比，他們兩位似乎都比我們更能應付生活所帶來的打擊。我們都讀過類似這樣的故事：一位女士年幼時就失去了雙腿，但依然擁有充實的生活與工作；或是一對孩子遭謀殺的父母，透過原諒凶手找到繼續活下去的力量。相比之下，我們這些不足掛齒的煩惱就顯得十分可笑。有些人的內心似乎很堅強，就算遭遇嚴重的不幸也不會被擊倒，他們是怎麼辦到的？是不是因為被魔法蜘蛛咬了一口而獲得超能力？還是小時候曾掉進魔法藥水裡？

心理韌性這個話題現在備受矚目，一點也不奇怪。有如製作粗糙的電動遊戲一般，我們正遭受越來越多從四面八方而來的攻擊，不管是不是字面上的攻擊事件，像是悲劇的殺人狂事件、武裝衝突與戰爭，還是大規模的流行病、經濟與金融危機等，更別提氣候變遷以及因此而更頻繁發生的自然災害。

那些殺不死我們的，將使我們更強大？

那些能順利應付日常煩惱和劇烈命運打擊的人，和其他人有什麼不同？什麼能幫助我們從容地克服生命為我們準備好的諸多挑戰？關於心理韌性的科學研究，是否能回答以下問題：那些殺不死我們的，真的能使我們變得更強大嗎？這又是怎麼辦到的？

德文「韌性」（Resilienz）這個字，源於拉丁文的動詞「Resilire」，意思是「反彈」或「彈回來」。在材料學裡，指的是材料變形後又恢復到原始狀態的特性。（可以想像成是彈力球或野心勃勃的瑜伽老師。）在許多科學領域中，韌性代表某些系統能不受外界干擾的能力。在心理學中，則與「脆弱性」對立。脆弱性代表脆弱與易受傷的特性，而韌性則是穩健和對抗的能力。由此可見，心理韌性是上述那些能夠「再站起來的人」的驚人天賦，儘管遭受非常痛苦的經歷，他們仍能保持身心健康，或是能順利地從短期的壓力問題中恢復。換句話說，心理韌性是當壓力不論以任何形式出現時，我們還能保持心理健康，或是在不久的將來可以再次恢復原貌的狀況。

在心理韌性的研究中，我們經常探討的壓力條件與事件，包括意外、疾病、親屬的死亡、分手、失業、負債、霸凌，或是天災、戰爭、搶劫和性侵害等創傷經歷。當然，每個人對於不同事件的經歷都有所差異。舉例來說，分手可能令人痛徹心扉，但如果先前的那段關係原本就造成很大的負擔，那麼分手也可能是一種解脫。解雇通常令人倍感壓力，有時卻也是種幸運，讓我們終於能去追尋真正實現自我的工作。同一件事，對某個人來說可能是微不足道的鼴鼠丘，對另一個人來說，則可能是無法跨越的阿爾卑斯山山脈。這道阻礙有多大，不僅取決於我們，與實際情況也有關係：為什麼這段關係會破裂？我們失去的這份工作有多糟糕或多充實？我們的緊急備用金有多充足？我們的社交網絡有多緊密？找到更適合我們的另一半或工作的機會有多大？即使事件發生的背景扮演著重要的角色，但對大部分的人來說，某些負面事件（或多或少）仍然會帶來壓力。

科學觀點

創傷事件對我們造成的影響

我們越來越常在公共生活中，或是書籍、電影和舞臺演出中看到創傷觸發警告，讓我們提早注意到可能再次激起心理創傷的內容，並藉此保護自己。但是，從科學的角度來看，「創傷」（Trauma，源自希臘文「Traúma」，意思是傷害、傷口）究竟是什麼？一般認為，創傷是特別具有威脅性或災難性的事件或情況，幾乎所有人都會因此而變得極為焦慮不安。我們將創傷分為非人為的「偶發性創傷」，以及人為的「人際創傷」。依照創傷持續的時間，又分為第一型與第二型創傷。「第一型創傷」是一次性且無預警發生的，有時間上的限制，也可能出現嚴重的生命危險（例如搶劫）。「第二型創傷」則是反覆發生或持續一段時間，且過程無法預料（例如人質）。

根據成因（偶發性或人際）以及持續時間（第一型或第二型），創傷事件分為四種類型：第一型偶發性創傷（例如事故和雷擊）、第二型偶發性創傷（例如核災和洪水）；第一型人際創傷（例如性侵害和搶劫）、第二型人際創傷（例如童年時期的身體與性虐待、戰俘或人質）。

人際與第二型創傷所造成的後果，往往比偶發性與第一型創傷來得嚴重。這是因為人際創傷可能會嚴重損害或完全破壞人際關係中的信任，而第二型創傷的影響時間持續，結果無法預測，因此經常令人感到特別無法控制。對於遭遇第二型創傷的人來說，後續出現創傷後壓力症候群等嚴重後果的風險也會明顯提高。

一切是怎麼開始的：心理韌性研究的起源

我們對於心理韌性的科學理解，隨著研究進展而有所轉變。在過去，心理韌性被視為一種穩定的人格特質。韌性這個概念，其實更像是一種以人形模樣呈現的「全天候輪胎」，對有韌性的人來說，下雨、風暴或下冰雹都沒有差別，頂多只是穿錯衣服。今日，心理韌性不再被視為個人的「原廠設定」，而是更複雜、更動態的調整過程。保持心理健康，或是克服起初的難關重新找回平衡，並不是一個靜止的狀態，而是一種受到遺傳與身體構造、性格、社會環境和我們所處的社會等許多因素影響的持續平衡。同時，我們維持平衡的能力，在一生中以及壓力事件發生的前後與當下，都可能產生變化。

一九七〇年代，醫學與心理學領域出現所謂的「健康本源轉向」。從社會學家亞倫・安東諾夫斯基（Aaron Antonovsky）開始，許多研究人員不再只是關注疾病的形成（發病機制）與處置，更著眼於健康與促進。（健康本源論，原文為「Salutogenese」，源自拉丁字「Salus」，意思是健康、福祉。）因此，疾病預防也變得越來越重要。我們將「什麼是有害的？必須剔除的？」這個問題，修改成「什麼是有幫助，而且原本就存在的？為了維持身體健康，我們（還）需要什麼？我們可以採取哪些措施來防止疾病生成？」在這項觀點轉變的過程中，為了找出是什麼原因讓某些人在不利的起始條件下仍能積極發展，人們開始針對兒童與青少年進行廣泛的長期研究。我們想知道，影響兒童日後能否成為健康又成功的成人，有哪些因素是我們在生命的最初幾年就能辨識出來的。

著名的「考艾島研究」是最古老也最有名的心理韌性研究之一。研究結果指出，不幸的起始點也可能帶來一段幸福的人生，某些特質會促進這項正向的轉變（參考文獻59＆60）。那些在不利環境中仍然發展良好的孩子，在生命初期至少都有一位關照、愛護他們如同父母一般的支持者，成年後最少也都保持著一段親密的友誼。畢業後，他們對自己有正面的期待，了解生命的意義，並相信命運掌握在自己手中。

科學觀點

考艾島研究

美國發展心理學家艾米．維爾納（Emmy Werner）的考艾島研究被認為是心理韌性研究的先驅。她與一個跨領域的團隊，針對一九五五年出生於夏威夷考艾島的六百九十八名兒童進行調查。第一次的調查於母親產前進行，並於兒童時期的初期與中段、青少年與成年時期再次進行調查。家庭與學校環境也被納入調查範圍。

有三分之一的兒童生活在非常艱困的條件下，包括貧窮、遭受忽視、家庭暴力、父母教育程度低落或生病。這當中又有約三分之二的孩子發展得不理想，他們出現學習障礙、行為問題與精神疾病，或是成為罪犯。儘管遭遇種種逆境，另外三分之一的孩子卻出乎意料地發展得很好，在整個研究期間也沒有出現任何行為問題。這些孩子生病的頻率較低，聰明、活潑又「容易照顧」，好奇心強、喜歡社交、學習能力很好、專注力高、有很多興趣與嗜好、會照顧弟妹也會幫忙爸媽。他們有愛心、有責任感、注重成績、獨立又果斷，在學校表現亮眼，也順利融入社會，並對未來充滿信心。從各方面來說，他們成了健康又自信的大人，也對自己的生活感到滿意。

考艾島研究還找出那些具有心理韌性的孩子擁有什麼樣的特質。兩歲時，他們就已透過良好的運動及語言發展，以及積極的社會取向展現其特別之處。十歲時便具備優異的問題解決與閱讀能力，以及廣泛的興趣。成年初期的他們，通常對未來有實際的規畫，具有高度的自信、知覺控制能力、盡責性以及社會責任感。積極的社交互動，特別是在家庭之外有緊密的朋友圈以及行為榜樣，也被認為是心理韌性的要素。

現在，我們面臨這個涉及因果關係的問題：是因為擁有緊密的社交關係，才讓孩子發展出正面的自我形象，還是擁有正面的自我形象，是建立緊密社交關係的先決條件？可惜這樣的觀察性研究無法回答因果關係的問題。不過，研究結果清楚表明，單一的心理韌性特質並不存在，在艱困的處境中，是許多不同的因素促成一段發展良好與順遂的人生。這些因素彼此影響，以複雜的方式相互作用。一方面，兒童早期的某些氣質特徵有利於未來積極的社交發展；另一方面，對兒童來說，生命初期的緊密社交連結有助於發展出穩定的性格。久而久之，形成了一個由許多要素組成的複雜毛線團，幾乎難以拆解。

考艾島研究發現了許多這樣的因素。而且，這些因素強調，可持續的社交互動，與自己能對生活產生影響力的信念是非常重要的。這項結果也受到其他心理學研究的支持。

複雜的結構：心理韌性的各種面向

心理韌性的複雜度，是周遭眾多因素造成的。包括經歷的壓力、關注的健康特質、比較的群體，以及進行評估的時間點（參考文獻61）。

壓力有許多類型。慢性的日常壓力可能會讓我們持續沮喪好幾週或好幾個月，但其強度遠不如充滿壓力的生命事件或創傷經歷。相較之下，車禍、搶劫或性侵害等事件，有時只持續數分鐘，但其強度卻足以讓我們承受數十年之久的嚴重創傷。不一樣的壓力形式，需要不同的心理韌性因素來應對。

壓力生成的年齡，也扮演著重要的角色。小時候的創傷經歷可能會對我們造成嚴重傷害，這個傷疤會跟隨我們一輩子。這表示，幼兒時期的壓力經驗對我們的發展有極大的影響力，也可能會持續對心理韌性造成不好的影響。

此外，判斷一個人是否具有心理韌性，取決於我們所觀察的是健康特質或心理層面的哪些部分。根據世界衛生組織的定義，健康是身體、心理與社會全然舒適的狀態，是一種幾乎無法實現的理想狀態。所以，心理韌性不只和我們的身體健康有關，也和心理狀態、家庭與朋友相關。我們在不同的領域都有自己的優勢與劣勢，因此我們的健康狀況也取決於我們所觀察的領域。有些人努力對抗肌膚問題，其他人則面臨心臟問題；有些人容易焦慮，其他人則有攻擊和酗酒的傾向。我們幾乎不可能同時考量健康的所有面向，因此心理韌性強弱的判斷，受到我們考慮的層面影響。

透過心理學研究我們知道，人們有時對於同一個壓力源的反應截然不同，這個現象也被稱作「多元定局」[1]。有人面對失業依然保持心理健康，有人則開始酗酒，另一個人則是陷入憂鬱。只有同時觀察健康的多種面向時，我們才能辨認這些個體反應之間的差異。

比較的對象也很重要。舉例來說，伴侶離世後我們的感覺可能會比以前糟糕，但與面臨同樣問題的人相比，我們顯得更能應付這種狀況。在這種情況下，我們看起來肯定更糟，但與其他受苦難的人相比卻更好，這時我們就相對地更有韌性。同樣地，也可能我們過得像其他人一樣好，實際上卻承受著更大的壓力，這種狀況下的我們看起來雖然無異狀，卻相對地更有韌性。畢竟，遭受了更大的壓力，就更難維持身心的健康。因此，我們始終必須將壓力與健康進行比較，而且是要和其他人相比。

最後，時間對於不斷變化的過程來說當然也很關鍵。因為健康狀況會隨著時間而改變，判斷一個人是否具有心理韌性，便取決於我們調查的時間點。

---

1 心理學中表示相似或相同的起始可能導致不同的結果。

科學觀點

新趨勢：作為一種人格類型的心理韌性

「韌性」這個概念也能用來描述特定的性格輪廓。性格輪廓是我們同時觀察一個人的好幾種性格特徵，例如評估了所有五大人格特質而得出的結果。理論上來說，從開放性、盡責性、外向性、親和性與情緒穩定程度的排列中，會產生出無數種不同的組合，其中有一些特質出現的次數高到不成比例。在特定統計方法的幫助下，我們將出現類似排列組合的人分到同一組，辨識出更細緻的人格類型。世界各地有許多研究以這種方式針對不同的樣本進行調查，結果反覆出現三種主要的人格類型，分別是「韌性型」、「過度控制型」以及「缺乏控制型」。不過，命名的時候我們還不知道，「韌性型」的人是否真的比另外兩種類型更具有抗壓性。

韌性型的人在五大人格特質的所有面向都具有高度的表現，也就是說，他們開放、盡責、外向、親和，同時也有穩定的情緒。「缺乏控制型」的人比較不盡責，也沒那麼親切；而「過度控制型」的人在開放、外向和情緒穩定程度的表現則比較低。

許多長期追蹤研究指出，「缺乏控制型」的人出現外顯問題的風險會比較高，包括酗酒、吸毒、攻擊、暴力和違法行為。「過度控制型」的人則是出現焦慮、憂鬱和飲食失調等內在問題的風險會提高。特別重要的是，平均來說，「韌性型」的人會發展得比另外兩種類型「更好」。他們擁有更好的生理與心理健康、更優異的成績、更傑出的工作成就、更幸福的關係和比較少的人際衝突——可謂前途一片光明（參考文獻62）。

而且，在一項最近發表的研究中，我發現擁有較高五大人格特質的「韌性型」，能夠更順利地應對失業與失去工作能力的情況（參考文獻30）。此外，他們遇到壓力事件的機會也比較小。這項研究結果表明，擁有韌性型人格的人，對特定（但並非所有生活中）的壓力情境都更具有抗壓性。

永不屈服？經歷壓力事件後的心理韌性變化

那些成功克服艱難困境的人，讓我們能更深刻地闡明韌性所代表的意義。

因此，韌性研究的主軸就是那些影響深遠的壓力與創傷事件；研究的重點，則圍繞在遭遇個人命運打擊或群體災害事件的前後幾年，憂鬱症狀和其他心理問題會如何變化。對於悲傷與創傷進行開創性研究的哥倫比亞大學臨床心理學教授喬治・波南諾（George Bonanno），與他的研究團隊發現，壓力事件前後的症狀變化，基本上可以分成四種發展軌跡：慢性壓力、延遲壓力、復原與韌性（參考文獻63～65）。

事件發生後，承受慢性壓力的人（約有百分之十）所遭遇的心理問題（憂鬱或創傷後壓力症狀）會明顯立即增加，而且這些問題會持續數年之久。出現壓力延遲情況的人，儘管在事件發生後不會馬上受到很大的影響，狀況卻會逐漸惡化，長期下來會造成嚴重的問題；這種發展軌跡相對少見，不到百分之十的人有這種狀況。約有五分之一的人在事件後會出現更多心理問題，不過很快就會恢復，最快在幾個月之內，最慢則是兩年後就能恢復到原本正常的狀態。有韌性的人，在經歷事件的前後不會或只會受到很小的影響，即使在劇烈的壓力經驗下，依然有三分之二的人會出現這種溫和的軌跡。所以，韌性似乎是我們的常態而非例外。

科學觀點

創傷後壓力症候群

創傷事件可能會引發「創傷後壓力症候群」。當事件超出當事人負荷，以至於他們無法消化情緒時，就可能會出現這種情況。面臨創傷時，他們的大腦會因為過大的壓力而處於緊急狀態，導致記憶儲存功能無法正常發揮。所以當事人往往不記得發生了什麼事，或是創傷會以圖像重現或惡夢的形式一再出現。這種情況經常導致當事人情緒麻木、身體持續緊繃並試圖避開所有和創傷有關的事物（例如特定的場所、物品和電影）。典型的症狀還包括日漸產生的疏離感、焦慮、憤怒、罪惡或羞愧、自責、暴躁和挑釁的感覺、過度緊張或睡眠問題。

一般來說，心理治療的目的是整理大腦中因此而產生的混亂，讓當事人在受保護的環境、依照相同時序，以及所有細節都經過謹慎安排的情況下，透過治療的陪伴，重新體驗創傷。大腦中缺失的記憶將透過新的訊息進行修正。藉由修復創傷，壓力症狀通常會顯著下降。治療的重點在於重新培養安全感與能力，減少羞愧與愧疚感，並改變因創傷而形成的特定偏見和思考模式，像是：「每個人都是壞人」、「我無法相信任何人」、「這個世界很糟糕」。

好消息是，我們許多人都具備克服嚴重和潛在創傷經驗的能力。一些研究與指南甚至表示，壓力與潛在創傷事件會帶來「創傷後成長」，也就是會增加我們的正向人格特質、性格強度與智慧。但這是真的嗎？確實有人能從難以想像的痛苦中走出來，回顧過往時他們會說，這段經歷讓自己變得更堅強。這種情況令人印象深刻，卻也很少見。總體來說，創傷後成長的證據相當薄弱（參考文獻66）。一小部分幸運的人可能會從創傷事件中成長，但平均來說，這樣的經驗並不是「磨練」，反而更會削弱我們。如上所述，儘管許多人能順利應付命運的打擊，並沒有出現嚴重的心理問題，但常常會留下傷疤，例如他們在那之後會變得不太喜歡冒險、更焦慮也更敏感。

同時，壓力經驗對我們的心理會產生各式各樣的影響。每個人處理這些經驗的方式截然不同；另一方面，對同一個人來說，有些性格特徵可能會往「消極」面發展，有些則往「積極」面而去。舉例來說，在歷經情感糾葛後，我們可能會變得很難再去相信別人，但自信也因此成長。在一項研究中，我發現那些因分手或死亡而失去伴侶的人，在接下來的幾年內，他們的知覺控制能力會再次成長（參考文獻57）。這代表負面的後果仍會帶來正向的影響，在個別的領域中更可能使我們超越自己。

更多資訊：請看Chapter 8〈壓力、疾病與失去對性格的影響〉

我們能鍛鍊心理韌性嗎？

最後的問題是，我們是否能刻意提升心理韌性呢？近幾年，為了強化個人的能力與資源，讓我們能更輕鬆地面對危機與挫折，已出現許多心理韌性的訓練課程（參考文獻67）。這些訓練關注的是自尊、自我效能、正念、自我照顧、正向情緒、享受的能力和連續且積極的社交互動。為了測試這些訓練的效果，通常會對參加者進行前、後測試，讓他們在這兩個時間點評估自己的韌性。其實，已有一些研究指出，受訪者表示自己在接受訓練後變得更有韌性。看來，這些訓練似乎奏效了！

然而，這依舊不代表心理韌性的訓練能讓我們為大大小小的命運打擊做好準備。如同前述，壓力有許多面向，不同的壓力源需要透過不同的能力與策略來應對。理論上，訓練的效果需要在不同的壓力情境中進行測試，但這是相當困難的，因為某些悲劇很少發生（幸好！）——而更少見的是，受害者也剛好完成心理韌性的訓練，所以現階段還有待科學驗證。總結來說，心理韌性訓練可能會對我們的健康產生正面的影響。不過，目前仍無法確定，長期下來是否真的能幫助我們更順利地面對艱鉅的挑戰與打擊。

換你試試看！

視覺化無形的心理韌性資產

心理韌性既複雜又受到不計其數的因素影響，並不存在著「一種」心理韌性要素是我們所擁有或缺乏的。實際上，心理韌性是由許多不同的資源組成，讓我們能在艱困的時期激發能量。你握有哪些資源呢？

請想像一下，你站在一個特殊的銀行櫃檯前，正在查詢自己的帳戶餘額。你的資產就是你的資源，它們不是可能會失去的有形物質，而是能讓我們在危機時刻依靠的資產。我們已經在〈性格如何影響我們的生活〉這個章節中了解到自己的長處，這些優勢當然也在你的帳戶裡，但我們還擁有更多：

經驗與知識：至今你已在人生這條路上學到了許多——基本上，不只在學校和工作中，你也從每個生活片段和抉擇裡學到很多。你在哪些領域表現得特別好？你擁有哪些別人沒有的知識？你曾經克服哪些難關？你從中學到了什麼？你如何運用這些經驗來克服未來的挑戰？

社交互動：在艱困的時刻，其他人的存在就像日常必需品一樣不可或缺，他們會安慰我們、讓我們依靠並提供支持。不只是緊密的家庭、親密關係和朋友，在危急時刻，點頭之交往往也很重要。比方說，在找工作或房子時，他們能提供資訊，或是幫助我們建立聯絡管道。你的社交網絡怎麼樣？你和哪些人有很密切的關係？狀態不好的時候，可以依靠誰？投資你的人脈吧，這是值得的！

工作：工作有時的確會帶來壓力，但它不只確保收入，也穩固並組織我們的日常生活。當生活的其他部分亂了套的時候，它能支撐我們。一份與才能相符的工作會帶來樂趣，讓我們透過參與、覺得自己幫得上忙、被需要、成就一些有意義的事，並持續進步，進而產生美好的感受。你喜歡工作中的哪些部分呢？

嗜好與興趣：做喜歡的事能提高我們的幸福感，它們能帶來樂趣，讓我們的大腦關機，並提供我們在危機模式下所需的大量能量。興趣包含志工、益智活動、藝術、音樂、運動和其他愛好，從古老巴比倫的園藝到東南亞的交通標誌。興趣不僅是真正的能量補給品，也是與他人建立聯繫的接觸點。你對什麼事充滿熱情呢？

健康：可惜我們常常忘記健康有多重要，總是等到身心狀況出問題時，才開始關心健康。你的健康狀況怎麼樣？請好好照顧自己，才能繼續保持健康，並且預防疾病生成。

周遭環境：家是我們的避風港，能讓我們放鬆，完全地做自己——至少應該如此。你在自己的家裡和周圍環境中感到多舒適？你喜歡自己居住的區域嗎？能夠快速又輕鬆地取得日常所需的一切嗎？有沒有公園或綠地可以讓你徜徉在大自然之中？你能做什麼讓家裡住起來更舒適？

個人價值：價值不是別人對我們的期望，而是我們對自己的期許。即便有時很難辨識，然而價值就像是幫助我們校準人生並指引方向的指南針。在理想的情況下，你希望自己展現出什麼樣的行為？成為什麼樣的人？你想做什麼？以什麼樣的方式？舉例來說，價值包括謙遜、誠實、忠誠、寬容、正義、力量、效率、（經濟）獨立能力、行動自由、影響力、愛或親密。

生命的意義：我們總是喜歡忽略生活中關於意義的問題，巧妙地忽視它們，但是尼采早就發現：「一個人知道自己為什麼而活，就可以忍受任何一種生活。」就像從集中營倖存下來、後來成為神經學和精神病學家，並創立了意義治療法的維克多．弗蘭克（Viktor Emil Frankl），他的命運就體現出——如果能看到其中的意義，就能忍受難以想像的事。你在自己的生命裡看到了什麼意義？

這些全部都是你的資產。假如你是第一次練習，你所擁有的資產也許比現在想到的還要多。只要持續練習，你會想到更多其他的資源。請好好記住這些資產，讓自己能有意識地利用它們——不只是在危急時刻，更是在日常生活中的每一刻！

和非洲死了一群人的消息比起來，
你家前院死了一隻松鼠，
更能引起你當下的注意。

——馬克・祖克柏（Mark Zuckerberg），Facebook創辦人

Ch.10

當我們遇上緊急事態——全球大流行病

發生在我們身上的事，真的發生在我們「身上」了，這些事不僅近在眼前，更深深地影響我們。這次，不再是其他人必須面對的生小孩、失去父母、慶祝升遷或是哀嘆失業、結婚又離婚、生病、繼承房產等一團混亂的重大事件，這次是我們自己——我們的身體、房子、家庭和生活都受到了影響，我們親身經歷這些事，而且是直接受到影響。

親密關係、家庭、健康、工作和財務狀況等個人生命事件把我們的日常弄得一團亂，轉眼間，我們承擔了新的社會身分，按照別人的期望來行動。從漫不經心的大學生變成野心勃勃的員工，從沒有小孩的單身貴族變成有義務的雙親，或是處於精神崩潰邊緣的單親家長。

相對而言，群體生命事件是許多人同時經歷的，因此總是可以看到「我們都在同一條船上」、「團結力量大」等標語，像特價品一樣被亂丟在空泛的言談之中。這些事件包括火山爆發或海嘯等自然災害、人為的災難（過去的車諾比核災，和現在與未來的氣候變遷），或是政治、經濟和社會危機，以及戰爭衝突（此刻的中歐）或通貨膨脹。這些災害常常提出我們無法回應的問題：當所有人都受到影響時，誰還能自稱是受害者？當所有人都需要幫助時，誰可以先獲得，或者是否該被幫助？誰要對這整件事負責？為什麼在許多人失去一切的同時，還有少數人能從中獲利？

儘管群體事件具有集體性，但每個人所受到的影響都不同（參考文獻68）。在戰爭中，有些人失去家園，有些人失去工作，其他人則失去親人或甚至是自己的生命。事件發生的空間與時間距離也有所不同，在並未直接遭受戰爭波及的國家中，許多人是從媒體得知戰爭的消息，有些人則和那些逃離戰爭的人保持聯繫，或是積極參與志工活動，例如幫助難民。

可樂娜[1]：最頂的啤酒，最糟的病毒

群體事件有時會影響所有人，但每個人所經歷的都不同，這點我們從嚴重

1 Corona，源於拉丁語，意為「王冠」。全球知名及銷量最大的啤酒品牌「可樂娜」，以及新型肺炎病毒Coronavirus皆得名於此。

特殊傳染性肺炎（COVID-19）的全球大流行中深刻地體會到，這是一個相當特殊的情況，百年來前所未見。佛里達奶奶和卡爾叔叔冗長的故事突然又引起關注，那些我們已經聽了太多遍的故事（人們在戰爭的時候如何如何，戰後又如何如何），以至於家族聚會時為了不遭受波及而盡可能地避免坐在他們旁邊。如今，要是我們能趕在他們重聽前多提問就好了，這樣就可以知道，為了做好準備面對迫近的世界末日，該如何有效地囤積物資，而不是隨手亂抓義大利麵和衛生紙。不過，天啟四騎士[2]的馬匹似乎無法跳過「超級蓬鬆和特別柔軟」的防疫壁壘，以及「疫後義大利麵值千金」這個頗具爭議的現象。

基本上，沒有人關心披薩外送員和包裹快遞員氣喘吁吁地奔走，而且還暴露於感染的風險中；雖然醫護人員也沒時間真正地喘口氣，但他們至少得到了道德上的支持。許多人感到很訝異，他們做著非常重要的事情，但在緊要關頭卻淪為非必要的項目。有些人很高興新來的郵差送信時，哼唱得那麼好聽，因為不久前她還是一位歌劇歌手；另一方面，餐廳卻悄無聲息地倒閉了（如果他們沒有利用這段時間大幅翻修，有些餐廳確實是這麼做）。有些人享受居家辦公，可以穿著沾有汙漬的運動褲出席重要會議；但有些人則意識到，自己寧願在辦公室隔著一定的距離思念愛人，也不願在家裡對抗想把他們鎖在陽臺上的念頭。尋死的人只要在超市排隊的隊伍裡，朝前面的人靠近，縮短兩公尺的距離；好險打工的人幾乎沒有時間擔心短少的收入，因為孩子的班級裡有人陽性確診，必須待在家裡陪他們玩。

那是一段瘋狂的日子：被隔離或社交距離不足、遵照政府規定卻同時毫無對策、內心恐懼又沒把握，持續時間也遠比預期的還要長。所有人都受到了影響！然而家具商和室內裝潢公司都因此而獲益，如果我們只能被關在家裡，那麼至少希望是在美麗不透明的褐灰色調之中。

---

2 源於《聖經．啟示錄》第六章所記載，四位騎士分別代表瘟疫、戰爭、饑荒與死亡。

從屈服到反抗：性格與全球大流行病

COVID-19全球大流行所帶來的挑戰如此不同，我們應對的方式也因此有所差異。從相對淡定的「到時候再說」，到「大家都會死！」的恐懼；從漠不關心的態度，到盲目的行動派；從信奉科學，到陰謀論至上——所有人的反應都不同，這是一個反映性格多樣化的絕佳範例！有些人要求採取強烈的措施，其他人則希望用溫和的手段；有些人為疫苗發聲，其他人則反對；有些人悄聲屈服，其他人則大聲抗議。

在疫情開始蔓延之際，性格對我們的行為造成哪些影響呢？為此，我和兩位來自馬斯垂克大學的經濟學家，菲利普・席格斯（Philipp Seegers）和雷克斯・伯根斯（Lex Borghans），一同針對近七千位來自德國的大學生進行研究（參考文獻69）。我們假設，盡責的人會特別認真地遵守新的健康保護規範與指引。但令人意外的是，親和的特質才是關鍵，他們會更頻繁、更徹底地洗手、減少使用大眾運輸工具的次數，或者根本不搭乘、避免群聚、持續關注新聞動態、謹慎地限制自己和家人朋友見面。也許他們只是更為他人著想，或是害怕與他人對立，即使他們想違反規則。

有神經質傾向的人則會特別憂慮，公共場所令他們感到更不安，他們會減少使用大眾運輸工具、預料之後會發生財務上的損失而先儲備物資。這也是合理的，因為情緒比較不穩定的人，對壓力的反應也更敏感。

焦慮與孤獨：心理健康與全球大流行病

我們的心理健康在疫情期間產生了什麼樣的變化呢？對此，我和柏林夏里特醫學院的夥伴一起分析了八千多名德國人的數據，從二〇二〇年三月疫情爆發以來，反覆進行了多達九次的調查（參考文獻70），最後一次調查是在二〇二一年十月進行。有趣的是，不管在任何時候，比起自己的健康，受訪者都更擔心他人可能因為感染COVID-19而影響自身的健康。和其他問題相比，經濟問題是他們最不擔憂的，而且這份擔憂隨著時間流逝也削減得最多。這可能是因為，並不是所有人都受到工時縮短、失業或收入減少的影響，而面臨嚴重的財務困難與生存危機。

對我們的心理狀態造成影響的，會是疫情初期所帶來的衝擊嗎？當新一波的疫情和相對應的措施出現時，我們是否會一再崩潰？還是當我們終於明白，疫情影響的時間就像口香糖一樣拉長時，心理問題才會加速浮現？關於這點，我們發現心理不適的症狀在疫情初始之際特別明顯。主要包括COVID-19疫情所造成的不安，以及一般的焦慮與憂鬱症狀。這些症狀顯然是由完全沒遇過的情況所造成的不確定性所引發，會隨著時間流逝而減少。同時，這些問題會受到當時的感染率影響而改變，當新一波疫情出現時，往往會變得更明顯。疫情前就與這些問題奮戰的人，更是面臨前所未有的強烈症狀，在疫情初期尤其嚴重，不過後來也減輕很多。

研究結果清楚表明，患有精神疾病的人特別容易出現心理問題——尤其是在疫情剛開始的時候，當時他們的腦中不停地出現末日景象。我們可以利用所謂的「素質－壓力模型」來解釋這個情況。這個模型假設，當受傷害傾向（脆弱性）與壓力同時提高時，就更有可能引發心理問題。脆弱程度提高的人——可能是來自遺傳因素、家族或個人的精神病史，在面臨特別大的壓力時，像是這種規模的疫情，他們出現心理不適症狀的風險也更高。對於患有精神疾病，包含過去曾出現心理不適症狀的人來說，緊急事態可能是壓垮駱駝的那根稻草。舊的傷疤會被掀開，或是出現新的問題。

這種時候，可靠的例行公事就顯得很重要，因為在施行限制措施的過程中，許多人的例行公事基本上也都消失了。過往的平常日，我們可能都討厭清晨的那個鬧鐘聲，把我們從夢境拉回冰冷又黑暗的世界。每天打點一切、出門上班，同時還要把家事做好，可能會讓我們覺得厭煩。當緊繃的日程被糾纏不休的老闆和不配合的孩子（或是不配合的老闆和糾纏不休的孩子）、拋錨和繞遠路等討厭的事打亂時，可能會把我們逼瘋。不過，這樣的例行公事給予我們支持和安全感，構築了我們的一天，並確保我們在跌倒時能很快地找回節奏，而不是「一蹶不振」。這些日常一旦消失，過去的行為模式經常會再次出現：憂鬱的人早上就躺在床上糾結，因為沒必要再吸著新鮮的空氣，騎著腳踏車去上班了；過去曾有酗酒問題的人，最後可能為了麻痺沮喪和孤獨的感覺，而再次把手伸向酒瓶——在視訊電話裡也沒人會發現他們的酒臭味。

外出限制與社交距離的影響

此外，我和馬爾堡大學的夥伴一起調查，疫情之初的社交限制對人們的幸福感受程度與心理健康造成什麼影響。二〇二〇年的春天，我們針對四千三百三十五名年齡介於十八歲至九十五歲的德國人進行調查（參考文獻71～73）。

我們注意到，大多數的人顯然難以掌握如潮水般不斷湧上的新消息。大約有四分之一的人說他們當時有受到外出限制的影響，儘管他們所處的地區根本沒有實施這項政策（參考文獻72）。單就「被關起來」這個念頭來看，它就與許多心理問題有關，包括焦慮與憂鬱、恐慌症狀、心理社會壓力、提高的孤獨感和下滑的生活滿意度。這種現象在實際受到限制與未受到限制影響的人身上都可以觀察到。

外出限制對年輕人的影響特別嚴重。三十五歲以下聲稱飽受這項限制影響的人之中，有超過百分之四十的人，焦慮與憂鬱的症狀增加。與此相比，這項限制並未對三十五歲以上的人造成個人感受上的影響。或許是因為成年初期無疑是最容易和朋友見面、慶祝，也是無憂無慮、享受獨立和自由的一段時光。這是一段認識廣闊的世界並找尋個人定位的時期，我們渴望擁有經歷，渴望在這個世界留下更大的印記，而不是只在家裡的沙發留下屁股的印痕。（往後的人生還有足夠的時間和鄰居爭辯正確的回收方式，或是和街角的麵包店店員抱怨天氣。）

社交限制讓許多年輕人失去了這段重要的人生時期。自由的感受被一個苦澀的領悟取代，再也找不到人能隨時和我們在睡前小酌一杯、一起去購物或是在學生餐廳裡碰面。通常這時的年輕人才剛離家，大部分是第一次獨立生活，本來就比其他年齡層的人更孤單（參考文獻74），而疫情加劇了這個影響。順帶一提，研究指出，年輕人的孤獨感——與疫情無關——在過去的四十年裡持續增加（參考文獻75）。這個趨勢也許是日漸分崩離析的社交互動、頻繁的住所變動以及數位媒體的影響所造成的（誰想得到）。

老年人明顯嚴重受到封城的影響，由於他們有高度的感染風險，不論是在家裡、養老院或醫院，有時不得不謝絕訪客探視。不過，年輕的家庭也面臨嚴峻的考驗，老年人很少接觸到的事物，他們卻必須大量、極為頻繁、緊密又親密地接觸——甚至是一天二十四小時都要面對。如果我們無法從這四面之牆遁逃到學校和工作中，就會面臨被擠扁的威脅（就像電影《印第安納瓊斯：魔宮傳奇》裡的死亡陷阱）。家長們突然意識到，多工處理不只是同時看電視、吃薯片和講電話——遠非如此！而是照顧狗兒、處理家務和儲備物資的同時，還必須專心地在家遠距上班和教育小孩，這讓他們經歷了真正的考驗。更重要的是，還不能因此而嚇跑另一半、破壞好心情，或至少不能把壞心情表現出來。

對兒童來說，「童年是一生中最美好的時光」，這句老生常談也在很短的時間內遭受嚴厲的質疑。和同儕相處以及在操場上運動的時光，完全無法被整天打電動、坐在沙發上吃速食（要吃得很快！）取代。難怪疫情期間，兒童和青少年的行為與心理問題變多了！各種不同的研究指出，在家上課會造成生活品質下降，並增加孤獨、焦慮、憂鬱、過動行為和主觀的學業壓力（參考文獻76）。日托中心和學校關閉後，疏於照顧和虐待也變成一個大問題。家庭壓力的提高，增加了家暴的風險，同時也讓我們更難從外部發覺這些問題。要注意的是，大多數的研究都是在疫情後才開始進行，所以我們還無法確定，這些心理問題是否真的是受到疫情影響而增加，或是早已存在許久，只是未曾被注意到。同樣地，我們也不太清楚，急性的壓力症狀是否會對兒童、青少年與成人的發展造成長期損害。

考慮到這麼多的問題後，封城對某些人來說，還是有帶來一些正面影響，這樣的消息算是一種安慰嗎？許多家長和孩子都提到，如同黑暗疫情裡的光明，儘管有許多困難，但能一起度過的時間變多了，家庭的凝聚力變得更強，家裡的氣氛也變得更好。居家辦公對許多人來說不一定是負擔，反而帶來好處，例如不用再花上好幾個小時通勤，和厭世的乘客一起擠大眾運輸工具或塞在車陣之中，以及更隨意的穿著（睡衣萬歲！）、更彈性、更多的空間與平靜，和累人的出差比起來，這些都是線上會議的優點。（別忘了冰箱就在旁邊，也沒有同事會把我們剛煮好的咖啡喝掉；沒有辦公室裡那個討厭鬼苛刻的評論，隔壁也不是不友善的麥爾先生，他的呼吸聲一直都很大聲；沒有那臺我們最愛的巧克力棒總是賣完的販賣機，也沒有吃膩的員工餐……）

我們有多喜歡或多討厭這個新局面，（當然）不只取決於我們的生活情況，也和我們自身有關。我們的研究指出，自我同理心更高的人，在疫情期間明顯過得更好（參考文獻77）。他們對自己的生活更滿意、更常擁有好心情，而且不太會悲傷，也比較少感到壓力、焦慮或憂鬱。（其中一個）原因是，他們用更有效的策略來應付壓力。他們更容易尋求情感支持、試著在艱難的時刻轉換自己的觀點，並接受現狀，不會一直為此而感到不安。

我們根本不需要再更深入地探討性格在此所扮演的角色。讀到這邊的你，想必已經知道這是怎麼一回事了吧！

警告：愛滑手機看壞消息有礙健康！

「狂滑壞消息」（Doomscrolling）是這個時代的現象！不要被「Doom」這個看起來很快活的字欺騙了，這個字在英文裡代表不好的事物，像是毀滅、墮落和厄運。「Scroll」這個字在德文裡也看得到，用來描述數位資訊的「增加」，意即我們一直點擊、窺探螢幕上不斷延伸的內容，而這往往是永無止境的。這個概念首次出現於二〇一八年，用來描述大量傳播的壞消息和令人擔憂的報導。如果我們想要的話，可以看到馬拉松式的謀殺新聞。

演化的因素使我們更容易受到壞消息影響，這在心理學中稱作「負面偏誤」（參考文獻78）。對我們的祖先來說，低估威脅所帶來的風險明顯更高。忽略有毒植物、古老的劍齒虎和敵對部落所帶來的危險，在最壞的情況下得付出生命作為代價，所以偵測威脅的天線能確保我們存活。這個效果一直延續至今，就算面臨的好、壞消息數量一樣多，壞消息的影響依然比較強烈。在衡量風險和做決定的時候，我們更關注也更記得壞消息，並賦予它們更大的意義。

這也代表壞消息比較「好賣」，這正是媒體界求之不得的事。為了增加銷量，他們會把令人震驚的新聞放在頭條。數位管道和社交平臺試圖透過聳動的「點擊誘餌」來留住使用者，希望我們會為了查看這段時間發生了什麼事，而盡可能地留在他們的頁面，或經常造訪他們的網站。另一方面，我們也想要關注、了解並重新掌握混亂的危險情勢，這項策略巧妙地利用了這一點。

致命的是，網路上如潮水般湧現的負面新聞並不會停止。我們不會特地去搜尋基本、重要的消息，而是把自己丟在誇大又譁眾取寵的資訊片段浪潮中，點擊一則又一則的可怕新聞。負面標題產生一種無情的漩渦，把我們拖入不確定、驚慌、恐懼、無助、無能為力和憂鬱的黑洞裡。科學也證實了這一點，研究指出，疫情期間過度使用媒體的人，更容易出現和COVID-19有關的憂鬱症狀與焦慮。對於那些原本就特別焦慮，又極度熱愛使用社群媒體的人來說尤其如此（參考文獻79）。

訓練時間

這樣做，讓腦袋在危機時刻保持清醒

我們能做些什麼，讓自己在群體危機時刻能保持冷靜，避免成為滑手機的受害者呢？基本上有兩點，第一：不斷提醒自己，媒體報導的主要都是負面新聞，而且還會讓我們的看法變得更負面。第二：限制自己接收新聞資訊，並且帶著自我意識吸收這些資訊。在此提供你一些建議，選擇適合自己的就好。

每天設下一、二個明確的時段，讓自己可以在這段時間內接受消息。不應超過半小時，最好不要在清晨或睡前進行。

為自己挑選幾個接收資訊的媒體來源。社群媒體很有趣，但也常常成為毫無根據的謠言溫床，這些謠言增加與傳播的速度太快，有時候我們無法追蹤其來源與可信程度。

尋找能夠讓自己平衡的活動，像是和喜愛的人們見面、運動、親近自然，並確保自己有良好的睡眠。（這也包括不要躲在被窩裡滑手機看負面新聞！）讓自己保有休閒、思考和讓大腦關機的自由空間。

要知道，關注負面新聞並無法改變已經發生的事，即使我們不持續關注，事情還是會發生。事實上，這只會讓你感到很糟糕，且對任何人都沒有幫助，不論是對你或其他人。如果你想抵消一些無助和無能為力的感受，請找尋採取行動的機會。例如你可以支持援助機構、捐贈、幫助社區、教導難民在地語言或陪同他們到政府機關辦理相關的行政作業。

請找一些專門報導正面新聞的管道，像是網站「Nur positive Nachrichten」[3]。留給自己如同查看負面新聞一樣多的時間，來關注這些正面報導。

如果你意識到自己無法停止滑手機，請及時尋求幫助。請家人或朋友幫忙打斷這個循環，或是尋求專業的協助。

換你試試看！

專注於當下

說實話，我們很少會完全專注於當下。也許一次放鬆的按摩能把我們的腦袋變成溫熱的香草布丁，或是沉浸在真正愉悅的性愛時——如果我們有好好練習的話——或是在做瑜伽和冥想的時候。有時，當我們沉浸在讓自己產生「心流」[4]的事物也會這樣。這些事讓我們忘記時間和空間，當巨大的咕嚕聲擠進我們的意識時，才發現自己肚子餓了。

不過，可以確定的是，這並不是特殊情況。因為我們不安的思緒來回穿梭於過去和未來、憂慮與希望之間，就像一隻冬日裡特別健忘的松鼠，一會兒在這裡，一會兒到那裡堆放堅果。如果生活混亂失序，我們真的會失去理智，被日常瑣事糾纏，或是陷入媒體營造的虛假現實之中。

3 德國新聞網站，只提供正面消息的報導。

4 極度專注且沉浸在一項活動，達到忘我境界時所出現的心理狀態。

為此，專注於當下，不迷失於災難情景就顯得很重要。因為只有在眼前的這一刻，我們才能體驗、做出決定並開始改變。該如何專注於當下呢？最簡單的方法是透過我們的感官與身體。對它們來說只有此刻、此地、內在（被皮膚包覆的一切）與外在（未被皮膚包覆的一切——真幸運！）之分。這個練習能幫助我們進入當下。

請為自己安排一個安靜的地方、一段不被打擾的時光讓自己放鬆。當你準備好，並透過身體掃描放鬆法，從頭到腳掃描過自己的身體後，請睜開眼睛，仔細觀察外面的情況。你看到了什麼？請注意周遭物體的形狀、顏色和位置。你注意到哪些細節？你是否看到光線如何落在你所觀察的物體上，以及它如何改變這些物體的顏色？

請再次閉上眼睛，感受一下，身體感覺起來是否與剛才不同。你依然很放鬆嗎？請把注意力集中到手掌上。它們感覺起來怎麼樣？會癢嗎？是溫暖的嗎？你是否有股衝動想要移動自己的手？

現在，請將注意力移動到你的耳朵上，請打開耳朵。你聽到了什麼？是街道上的車水馬龍、人們說話的聲音還是小鳥的吱喳聲？是否有哪裡的門被關起來了，或是哪個地方有水流過？

請讓注意力再次回到手掌上。它們感覺起來有不同嗎？請想像自己的意念穿過手指，你在每根手指裡感受到什麼？

現在，請深吸一口氣，將注意力集中到你聞到的氣味上。這個氣味聞起來像安娜阿姨身上的花香（或是霉味）嗎？還是像剛煮好的餐點？也許是你今天身上穿的這件剛洗好的高領毛衣？

現在，請將注意力移到你的肚子上。「裡面」的感覺如何？是既溫暖又放鬆？還是焦躁又不安？你的消化順暢嗎？還是你對肚子根本一點感覺也沒有？

接著進入肺部，請注意它們是如何隨著呼吸擴張和收縮。

裡外的感覺會在哪裡交會呢？現在從外面傳來了什麼感覺？你可以再次睜開雙眼。是窗外的風嗎？還是你背上那顆柔軟的枕頭？你能感覺到衣服貼著你的肌膚嗎？現在對你來說是溫暖還是寒冷的？你覺得坐著或躺著舒服嗎？

將注意力集中到內部還是外部的時候，你的感受會更好？

哪一種感知方式對你來說最簡單？是身體內部的感知嗎？
還是從外面看、聽、聞和感覺？
你的擔憂、問題和思緒還在嗎？還是它們已經消失在背景之中了？
你剛剛花了幾分鐘完全沉浸在此時此刻，這就是專注於當下的感覺！

没有人是完美的！

Ch.11

打造五星人格特質
——我們能「調整」人格嗎？

讀到這邊的你，應該也相信性格會影響我們的生活。（如果你從這裡才開始讀，請把這一點當成前提就好。）你也了解到，雖然不一定總是如此，不過五大人格特質較高的人，在許多領域都具有優勢。他們通常更自在、更健康，也擁有比較緊密的友誼和幸福的親密關係，還有更出色的學業成績及職場成就。只要調整一下，就能讓我們更靠近前途一片光明的理想「五星人格」，這聽起來不是很誘人嗎？

根據各種不同的研究，幾乎所有人都想成為「五星人」。人格心理學家內森．哈德森（Nathan Hudson）和布蘭特．羅伯茨（Brent Roberts），於二〇一四年針對美國大學生的改變意願進行調查，有超過百分之八十七的人希望自己能擁有更高的五大人格特質，只有少數百分之三的學生希望降低這些特質（參考文獻12）。世界各地許多不只針對大學生的研究也得出相似結果，尤其是年輕人和五大人格特質較低的人（特別是在盡責性、外向性和情緒穩定性方面），都希望自己在五大特質上能表現得更好（參考文獻80 & 81）。越是渴望，實際發生改變的可能性也就越大（參考文獻82），這是有道理的。畢竟做出改變並不是在花園裡散步，絕大多數都是棘手的障礙訓練，只有真正想改變的人，才能突破根深蒂固的行為模式，走出自己的舒適圈。

許多聲音都呼籲我們應該盡快改變。媒體（像是德國節目「超級名模生死鬥」和Instagram等）、上級的主動告知和另一半「好心的」建議，都常常暗示我們是必須改造的可憐瑕疵品。所以，請捲起袖子吧！現在的我們可能還很封閉、不盡責、內向、不好相處又神經質，如果有人催促我們，把鬆垮的屁股從堆滿垃圾的沙發上抬起來，把那封逾期很久的信拿去郵局寄，我們會粗魯地反擊回去，然後把電視轉大聲。但是不久之後，我們就會成為「五星人」：開放、盡責、外向、親和、情緒穩定。在我們功成名就並擁有一段美好關係，還能騰出時間去拯救氣候的同時，那封寄出去的信早就躺在信箱裡了。

許多娛樂節目都證明，變成「最棒的自己」是有可能的。那些在節目裡悶悶不樂、胖嘟嘟又老是窩在沙發上看電視的人，在經歷一小段的「挑戰」後，轉眼就瘦了十公斤（當然都是以植物性食物為基礎）、長高十公分，還變得更理解他人，同時也更有決心、魅力與效率。理論上來說，我們都知道該如何健康地生活和減肥（正確飲食和多運動，不用多花一毛錢）。話雖如此，我們還是喜歡砸大錢讓自己相信，有另一套更有效果、更有效率、更快速又簡單的方法。為什麼我們必須符合某個「理想的樣子」呢？我們只是無視這個問題，畢竟大家都希望能透過優化自我，讓自己變得更快樂也更滿足。而我們也都知道，這個希望最終會破滅。

我們對於改變的渴望不只局限於體態，「打造你的個性」、「十個步驟成為世界上最受歡迎的人」，或是「如何集德蕾莎修女、史懷哲和賈伯斯的優點於一身」等性格改造課程充斥著市場，而且需求持續成長！如果我們在德國任何一個大城市，推開門走到車站，在路上至少都會碰到一位生活教練、一位人資經理和各種普通人，他們週末都會去參加「個性工作坊」。商機無限！

這種類型的課程幾乎沒有經過科學研究，我們還無法確定它們的作用以及效果。在最好的情況下，這些課程應該是充滿啟發的，但通常只會掏光我們的錢包，更糟糕的是，甚至還可能對我們有害。令人驚訝的是，在這些商業化訓練課程蓬勃發展的同時，針對人格心理學介入的科學研究，卻仍然處於起步階段。目前，我們對於穩固又有效、具有針對性的人格發展方法所知甚少。不過，考慮到這個主題現在所受到的廣大矚目，研究知識應該會進展得很快——希望如此！

活用心理學，成為更好的自己

如果想要打破根深蒂固的行為模式和例行公事，以有幫助的行動取代有問題的行為，進而巧妙地提升自己的幸福感，那麼靠心理學就對了。在心理治療中，有許多關於健康促進、預防和復健的方法，雖然不一定像「個性工作坊」一樣有著新穎的標誌和時髦的色彩，但都徹底經過科學測試。不論我們是想要減輕壓力、克服焦慮與憂鬱、戒菸、戒酒或吃得更健康，這裡幾乎就像自助餐，供應豐富又高效的心理學方法。

人格心理學家布蘭特・羅伯茨在二〇一七年進行了一項「統合分析」[1]，在這個分析中，他針對兩百零七項與心理有關的介入研究進行系統性的評估

（參考文獻83）。（在心理學中，「介入」是針對心理特質與行為進行特定改造所採取的方法。）透過系統性文獻回顧，我們發現介入主要是用來治療憂鬱症與焦慮症等精神疾病，其副作用可能會導致性格產生變化，特別是情緒穩定程度和外向性的增長。這項深刻的結果證明，我們能透過這種方式來改變性格。

研究實證1：具體的目標帶來具體的改變

最好的方法是什麼呢？美國人格心理學家內森・哈德森與克里斯・佛雷里（Chris Fraley）為此進行了研究（參考文獻84）。他們將學生隨機分成實驗組與對照組，每週進行調查，持續一整個學期。一開始，他們詢問參加者想要改變的是什麼。接著，為了確定他們的性格特質有按照期望改變，會反覆針對個別的特質表徵進行量測。為了讓他們逐步接近期望的人格並做出相符的行為，實驗組被要求每週寫下目標。比方說，想變得更外向的人可能會寫下「我要邀請我暗戀的人去吃晚餐」，或是「我要在研討會上發言」。

研究證明，兩組參加者在過程中都朝著他們期望的性格發展。因此，那些想要變得更外向的人，通常也變得更外向。不過，實驗組所出現的變化是對照組的兩倍，這表示明確的目標有助於改變。

此外，這兩位學者也調查，這些轉變到底是如何發生的。他們發現，在特定的情況下，個別的想法與行為會開始產生變化，而隨著時間流逝，這些微小的變化會越來越多，並且會持續維持，直到最後在性格裡顯現。也就是說，裝出自己想要的樣子，直到成功為止！

研究也表明，參加者擬定的目標要夠具體才有效。「我要學會更愛自己」或「我要更小心謹慎，盡量不要把事情放在心上」等這些非常含糊的決心，會讓人不清楚具體該實現哪一個目標，或是要以什麼樣的方式來達成。因此，事實證明，以特定情況下的特定行為作為目標會更有幫助，例如「每天晚上寫下

1 相較傳統以敘事性的方式進行文獻回顧，統合分析採取系統性的方式收集、分析數據，更具有客觀性。

三件當天我做得很好的事」，或是「每頓飯後我會馬上去洗碗，並把碗盤收進櫥櫃裡」。目標越具體越好！如果想在生活上做一些改變，最好牢記這一點。不只針對我們的性格，這項行動當成新年新希望也適用。

訓練時間

聰明的方法！

為了擬定一個真正可靠的好目標，我們可以利用所謂的「SMART」技巧。

具體（Spezifisch）：目標盡量具體一點。所以，請把「我想變得更盡責！」改成：「收到信件的時候，我會馬上拆開來讀並歸檔，而不是把它放進電話旁那堆越疊越高的信件裡。」

測量（Messbar）：指定一個計量單位，用來測量我們的變化。可以是待辦事項上已完成的任務數量——越多越好，或是每天為了達成目標所投入的時間。

吸引力（Attraktiv）：請選擇一個真的能激勵自己的目標，然後不斷提醒自己，達成目標後的感覺會有多好，像是「早上再也不用花上十五分鐘找乾淨的襪子了！」

實際（Realistisch）：請追求實際的結果。如果我們的目標是：「永遠不再和別人吵架！」雖然有企圖心，但注定會失敗。更實際的目標也許是：「下次生氣時，我會先數到十（或者喝一杯咖啡、打掃浴室……），再做出反應。」

設定期限（Terminiert）：請為目標定一個達成的期限。就像截止日一樣，如果沒有這個期限，我們就會以為自己還有很多時間。截止日當天，請狠下心來結算自己的成果。

此外，請用現在式，而不是未來式來設定自己的目標。如此一來，我們就能想像自己處在目標已實現的狀態，達成的日子也就不遠了。與其想著：「我要變得冷靜又有耐心。」不如說：「我是一個冷靜又有耐心的人！」（即使你的磨牙聲證明這句話是個謊言——這樣也沒關係！）

研究實證2：借助智慧型手機

改變是不容易的。拿起紙筆寫下目標，或記錄日常生活中想追求或已達成的變化，經常沒什麼效果。這種時候，我們最棒的「搭檔」——口袋裡的智慧型手機可以幫上忙！我們總是隨身攜帶，也都非常喜歡手機，因此很容易迷上透過智慧型手機進行的訓練活動。透過簡訊、通訊軟體或應用程式，我們可以發送提醒、引導和回饋給自己，更可以記下運動概況與身體數值（例如與智慧型手錶或運動手環結合）。這可以幫助我們進行個人化的訓練、調整某些練習的次數、及早辨識出低落的動機、調整目標等。

一個來自瑞士的心理學研究團隊利用這些優點，測試我們是否能透過智慧型手機上的訓練應用程式改變特定的性格（參考文獻85）。在他們的研究中，參與者必須決定要加強的自律程度（盡責性的一種面向），或是開放程度。兩週內，他們每天都透過智慧型手機收到兩則簡訊，提醒他們每日目標、提供反思的建議、背景資料及個人回饋。做法都一樣，只有目標與內容會根據設定的人格特質而有所不同。舉例來說，一則典型的簡訊看起來會像這樣：「早安，給想要改變的你，以下是你為今天的自己設定的目標：整理放襪子的抽屜。祝你順利達成，期待你的進步！」

測試結果顯示，那些想變得更有紀律的人，自律性增加的程度比開放性強烈；對於決心要變得更開放的人，情況則正好相反，他們的開放性增加得更多。訓練後的六週，也就是這項研究結束後，這樣的變化仍持續存在。另外，大部分的參與者都決定要改善自己表現得較弱的特質，這一點也和我們原本的理解相符：在五大人格特質中，我們傾向去改變自己表現得較差的部分。

科學觀點

改變要持續多久才算數？

人格特質在時間上具有「相對穩定」的性質。不過具體來說，這代表什麼呢？行為的改變必須持續多久，才算是真正達到性格變化？三個月、六個月還是九個月？想一下那位吸菸的朋友，半年後又再度屈服於尼古丁的誘惑之中；或是那些想減肥的人，歷經兩年難以忍受的折磨後，甚至變得比以前更胖。心理上是否也會產生類似「溜溜球效應」[2]的現象呢？可惜的是，在弄清楚來龍去脈之前，我們仍無法回答持續多久才算是有所改變，因為界定範圍往往是持續變動的。至少，現在的科學研究已經能指出，針對性的訓練可以改變五大人格特質這類涉及基本人格的行為，這已算是初步的提示。如果要評估這些變化的持續性，那麼還有必要進行更長時間的後續研究，而這類研究至今仍然不多。

研究實證3：善用數位程式

前面幾項研究是透過自我表述的方式來捕捉性格，也就是參與者在訓練前後，回答有關自我性格的問題，並相互比較兩次回應的結果。此時，自然浮現一個問題：在這種情況下，會不會有人說謊？任何耗費數週，想讓自己變得更自律的人都希望努力是值得的，因此可能會過分樂觀地檢視訓練成果。也許變化微小到只有本人察覺，其他人都沒發現。針對性訓練所產生的改變，其影響是否深遠到讓周圍的人，像是家人、朋友或同事也能察覺到呢？

為了測試這一點，一個名為「PEACH」的應用程式誕生了，它能自動地幫助我們按照自己的期望改變性格（參考文獻86）。使用者能透過聊天機器人和其他工具（例如日記或短片），接收訊息、任務、激勵小語和回饋，讓自己盡可能地實現設定的目標。初步的結果顯示，這款應用程式實際上是有效果的。和沒有使用這款應用程式的人相比，那些用了三個月的使用者，他們的性格朝著自己期望的方向產生了更大的變化。不僅如此，這些變化不只是本人，連他們的家人和朋友也都有注意到，而且是在三個月後還能察覺。總歸來說，這代表數位工具不僅能讓我們支付買咖啡的費用、癡迷地跟蹤前任，或隨時隨地沉迷於手機遊戲，還能幫助我們做更多事。

---

2 因錯誤的減肥方式，導致體重如溜溜球般上下浮動。

必要性的問題：到底為什麼需要改變？

有時候，某些人格特質會讓我們的日常生活變得困難。例如：當我們的公寓因疏於整理而完全淹沒在一團混亂之中；當友誼因我們成天躲在家裡而消逝；當我們因自己愛吵架的行為而到處冒犯他人；或是當我們給自己的壓力大到像是要一肩扛起整個世界的重擔。在這些情況下，解決問題、改變特定的思維或行為模式可能會很有幫助。

不過，到底怎麼樣才算是問題？我們之所以會感到困擾，是因為想要像朋友一樣愛乾淨，還是因為父母明確地告知，我們毫無章法的行為是他們教養失敗的證明？我們是否期待透過井然有序，讓自己變得更有效率和更成功？還是我們單純只是想變成一個更好、更有價值又更受歡迎的人？

改變自己的動機很廣泛，可能來自內部或外部，可能是合理的，也可能是有疑慮的。當我們開始會質疑自己、糾正自己的「錯誤」，並且保持自我成長、從挑戰中學習，這是很棒的。但是，當學習意願變成過度的自我優化時，就會變成潛在的問題。當我們只是為了符合社會理想或他人的期待，而使勁強迫自己進入一個模板；當我們認為現在的自己不夠好，而試圖逃避自我；當我們無論出於何種理由，而無法接納並愛著自己；當我們相信只有夠受歡迎、夠有吸引力、夠自發或夠有趣時，事情才會改變……這真是一個謬論。如果我們無法打從心底對此時此刻的自己感到滿足，就算將來能以健美先生或小姐的姿態領取諾貝爾獎，我們也不會滿足。

接受自己原本的樣子是非常重要的。然而，針對性的性格訓練使我們一再面對自己（認為的）不足和弱點，這可能會導致我們對自己更不滿意，也讓我們的自尊下降。也許我們會因為沒有達到訓練目標而覺得「失敗」，自我效能也會因此受影響。

在我們開始調整性格的本質以前，請先誠實地問自己：為什麼我們有必要變得更開放、更盡責、更外向、更親和或情緒更穩定？或是情況反過來：像現在這樣開放、盡責、外向、親和與情緒穩定，有什麼錯嗎？我們的心中是否有一個只在性格核心發生改變時，才能達成的具體目標？或是我們對於改變的渴望根本不會帶來什麼結果？當我們變得完全不一樣的時候，生活會產生什麼具體的變化？哪些會變得更好？哪些又會變得更差？我們會因此而遺失什麼東西嗎？也許我們比較封閉，但不必跟上每一個新趨勢，而因此過得很自在？或許我們雜亂無章，但也能在一團混亂裡找出放鬆之道？也許我們過著與世隔絕的生活，卻也因此成為完美的傾聽者？也許我們有話直說，但也特別能滿足自己與個人的需求？或是我們過於敏感，卻因此能及時察覺逼近的危險？

如同前面章節所討論的，每一種人格特質都有其優缺點，改變這些特質也意味著以舊的優勢換取新的劣勢。意識到自己個性的優點，能避免我們輕率地透過訓練就把這些優點丟掉。我們經常利用自我性格的「特殊效果」，填滿一個他人無法輕易填補的空缺，這對我們自己和其他人來說，都是有幫助的！彼此擁有不同的優缺點是很重要的，因為只有這樣我們才能互補。只要這樣想就好：你是獨一無二的，而這是一件很棒的事！

下定決心改變

如果你想要改變特定的特質，有四個重點。蘇黎世大學的人格心理學教授馬蒂亞斯・阿勒曼（Mathias Allemand）與克里斯多福・佛呂克格（Christoph Flückiger）將其總結如下（參考文獻87）。

重點1：了解現實與期望的差距

在開始之前請先確認：我們現在在哪裡？想要去哪裡？為什麼要去那裡？請仔細考慮自己的動機。我們設定的目標真的有意義嗎？是發自內心想要改變的嗎？我們的基本需求是什麼？為了實現長久的幸福，我們需要什麼？這就像Google地圖一樣，只有在我們知道起點和終點時，才能決定路線。

換你試試看！

揪出原因的奇蹟問題

讓我們借助「奇蹟問題」釐清目標！請想像一下，今天晚上，你準備去睡覺——躺下、關燈、閉上眼睛，然後就睡著了。在此期間，一個奇蹟發生了：最近正困擾著你的問題，消失得無影無蹤。不過因為你睡得很沉，什麼也沒注意到。隔天一早，你是從哪裡發現這個奇蹟的？你最先注意到哪些部分？確切來說，奇蹟發生後，現在跟以前有什麼不同？感覺如何？你身邊的人會如何察覺到發生了這個奇蹟？

奇蹟問題是由美國心理治療師，同時也是以解決問題為導向的短期療法創始人史蒂夫・德・沙澤爾（Steve de Shazer）於一九八〇年代提出，當時一位絕望的客戶告訴他，只剩奇蹟能幫助自己了。他很快就發現這個問題多麼地有用，那位客戶終於能將注意力從問題本身轉移到解決方案上，並了解問題背後真實的原因。

奇蹟問題不僅與目標有關，也牽涉背後所隱藏的——我們的需求。也許我們努力趕上同事，是為了想和他們一樣成功；或許我們想變得更有吸引力，是為了尋找真愛；或者是為了「成為某人」而追求財富、因為懷念過去的自由而悼念青春。在這些具體願望的背後，通常存在著非常基本的需求：尋求認可、尊重、歸屬感、安全感、控制、自由或是讓我們做自己喜歡的事的機會。我們為自己設定的目標，往往一點也無法滿足這些基本需求。大多數時候，都有更容易也更有意義的方法能讓我們找到滿足感，我們卻時常深陷於問題的泥沼之中，見樹不見林。越是絕望，我們的視野就越狹窄。

所以，奇蹟問題不從問題本身，而是從答案下手。我們創造出一個理想的狀態，完全不會有可能或實際存在的限制與阻礙。從中產生一個強大的願景，這不僅讓我們變得樂觀，還為我們指引新的道路。接下來請想想看，我們可以先採取哪些小步驟，讓自己朝遠大的目標更靠近一小步。透過「量測問題」，我們能切割目標，針對變化進行測量：如果1是原點，10是目標，那麼你現在在哪裡？你可以做些什麼讓自己前進一步？這需要花多久的時間？其他有幫助的問題可能還包括：從X時間點以來發生了什麼變化？一個月前的你在哪裡？一個月後你希望自己會在哪裡？

重點2：動用優勢與資源

你有哪些可以利用的優勢與資源？請想想看，你可以針對性地利用哪些東西來做一些改變。像是寫日記，你可以記下今天發生了什麼好事、最幸福的時刻、值得感謝或特別激勵自己的事。也請把握人際資源，身邊的人會透過讚美、真誠的回饋或偶爾巧妙的提醒來鼓勵你。如果想要更積極一點，請把你的目標告訴身邊所有認識的人，這會形成約束力並增加「壓力」，畢竟你也不想讓自己出糗。

重點3：針對行為與經歷進行反思

我們都知道自我反思很重要，但這在日常生活裡一點也不容易。我們可能陶醉地抽菸，卻忘記自己已經戒菸了，哎呀！我們對不斷說錯話的他人感到很生氣，卻沒注意到自己也會犯同樣的錯。激烈爭吵時，我們總是忘記自己才是引起爭端的人，就像孩子們吵架時的那句經典臺詞：「是他／她先開始的！」

在這些情況下，想法、感受與行為經常是密不可分的。我們覺得自己受到不公平的對待，因此而感到憤怒，並開始像機關槍一樣到處指責。很快地，我們便落入沒有人喜歡的境地，甚至無法解釋自己怎麼會變成這樣。但是，針對我們為何會在某些情況下出現某些行為進行反思，是非常重要的。唯有如此，我們才能知道具體該從哪裡著手，而在未來出現類似情況時做得更好。

換你試試看！

ABC模型

ABC模型（觸發情境—評估—結果）能幫助我們針對事件進行「整理」。如果下次發生一件事，你發現自己表現出的行為明顯與你期望的性格不符時，在那之後（理想的情況當然是同時）請想一想，然後問自己：這件事的觸發情境是什麼？我們假設，你和另一半為了誰該倒垃圾而發生爭執。下一個步驟是，你如何評估這個情境。你是怎麼想的？也許是：

「我總是那個被家事纏上的笨蛋，為什麼全部都是我要做？我一點也不明白——完全不公平！」最後一個步驟是，你對於結果的感受與行為。也許你很生氣，所以才變得那麼大聲，還砰地一聲把門關上，完全不符合你想要變得更親和的決心。

透過ABC模型，我們可以了解自己的行為（你會那麼激動，是因為覺得自己受到不公平的對待），也能夠預想未來可以採取哪些不同的做法。請想一下，你所期望的性格，會如何以另一種方式評估相同的情況。例如：「我真的很生氣，怎麼又是我該倒垃圾。明明上禮拜就說好要更公平地分配家事，我現在就去提醒他！」這種結果是，你的理想性格會明確地解決這個情況，並確認這是誰的責任。如此一來，你還是會生氣，但不會馬上爆發。如果你下次真的能以更親切的態度行動，那麼就離自己的目標靠近一大步了。

重點4：練習、練習、再練習，鞏固所學

你現在已經能做出與自己期望的性格相符的行為了——恭喜！不過，只有一次是不夠的。現在的重點是持續不懈，請繼續堅持，直到新的行為模式成為一種習慣。一開始當然不會每次都成功，但只要堅持下去，不讓挫折打亂自己的步調，一切就會變得越來越容易。

為自己設定每日或每週的明確目標會很有幫助，例如：每晚睡前，都要先把碗盤洗完、這週至少要用吸塵器徹底清潔家裡一次。「如果—那麼」計畫也同樣非常有幫助，像是：如果某天晚上沒有做到，那麼我隔天會提早十五分鐘起床，把碗洗完再去上班。

你也可以直接針對自己的理想性格設定任務來練習。如果你想變得更善於社交，你可以找一個陌生人攀談（或是，如果你的野心特別大，可以直接到卡拉ＯＫ的舞臺上獻唱你最愛的歌曲）。如果你追求的是變得更開放，那麼請到一間你所能找到最有異國情調的餐廳，點一道你陌生的菜餚——最好是從外語

寫的菜單上點餐。

如你所見，我們能透過某些技巧，有針對性地引導自己的性格往這個或另一個方向發展。但是，這麼做並不總是值得。如果我們能學會更好地理解並接納自己原本的樣子，才真的能提高生活的幸福感。如果能明白人與人之間的差異是如何及為何而產生，也會更容易接受別人原本的面貌。如果這本書能幫助到你，我會很開心。倘若你想更進一步了解，請看下一章，同時也是本書的最後一章。

性格並非靜止不動！

Ch.12

心理問卷可以摸透我們的性格？

讀了這些主要借助「選擇」的問卷所進行的研究成果後，你可能會開始好奇，這些問卷是怎麼進行的。在這個章節裡，你將了解如何建構心理問卷，以及如何有意義地解釋透過這些問卷所取得的分數。不僅如此，你還會在最後找到一份問卷，可以利用它來確認自己所蘊含的五大人格特質！

動手時間：如何建構心理問卷

對於問卷調查來說，隨意將各個問題拼湊起來是不夠的。相反地，它們是根據特定的規則逐步建構而成。首先，要仔細觀察我們想要測量的人格特質：這個特質有什麼特別之處？有哪些重要的面向？我們能將這個特質拆成不同的部分嗎？為此，最好要仔細查閱相關文獻，或是詢問專家及當事人的意見。

再來，要盡可能地收集很多的陳述和問題（所謂的題目）。數量應該要比實際使用到的多出約五到十倍，這能幫助我們嚴謹地淘汰那些在後續過程中被證明是不適用的題目。適當的表述是這個步驟中最重要的重點，應該要簡單、清晰、簡短、具體、中立，內容和時序都要明確。含糊的措辭、費解的陳述、陌生的外來語、冗長的句子、有暗示的提問、帶有強烈批判的評斷，以及需要反覆思考才能意會的雙重否定，都是問卷題目的禁忌。

不只是題目本身，作答量表也很重要。一般使用的是標準等級評定，像是四等或五等的「李克特量表」[1]，範圍從減二（完全不符合）到加二（非常符合）。奇數選項可能會面臨到猶豫不決或動機不足的受訪者，因為無法確定而到處勾選中間值（在這個情況下是零）的風險。偶數的話（比如一到四），即使受訪者傾向中間值，也能迫使他們做出選擇。

有些選項是開放式的，卻不允許出現等級差異。許多選項雖然很明確，卻超出受訪者理解範圍。每一種量表都有優缺點，設計問卷時要審慎思量。

接下來的步驟是從（盡量是有代表性的）抽樣調查中收集回應，然後借助

---

1 一種心理反應量表，常在問卷中使用，受測者回答此類問卷題目時，必須指出自己對該項陳述的認同程度。

統計來分析、評估這些答案。這些從不同群體中得出的答案，是否與他們的特徵結構相符？這些群體之間的差異夠大嗎？群體內的答案是否夠一致？特徵呈現較低和較高的人容易區分嗎？還是這兩者的結果都是一樣的？針對總體回應、個別量表與題目進行徹底地統計分析後，我們會得到初步的結果，經過進一步的檢查後，才會得出最終版的問卷結果。

猜謎遊戲：如何解讀測驗結果

填完一份問卷，把每一道題目的得分相加後，我們會得到一個數字。但是這個數字究竟代表什麼意思呢？為了解釋這個數字所代表的意義，我們必須將得出的結果與一個標準進行比較。為此，我們會利用「比較樣本」將問卷與信效度（通常在問卷建置完成不久後）進行標準化，比較樣本應盡可能反映目標群體。舉例來說，一份針對德國大學生的問卷，會以德國大學生（而不是挪威的老年人）作為代表性樣本進行標準化。我們能將自己的結果與標準化所得出的標準值進行比較。比方說，百分等級代表標準樣本中有多少百分比的人所取得的數值比我們低。

大部分的性格與表現特徵呈現常態分布，如果我們以圖解的方式闡明群體中各個數值出現的頻率，就會得到所謂的「高斯鐘形曲線」。這代表絕大多數人的數值趨近平均，數值越偏離平均值，人數就越少。對常態分布來說，重要的核心數值包括平均值與標準差，這兩個數值會決定分布的情況。

根據平均值與標準差，我們能將問卷與信效度測試的結果進行整理，並做出相對應的說明。透過經驗，我們得出以下法則：測驗結果落在平均值正負一個標準差的人，其測量的特徵表現為平均表現。大約百分之六十八的受測者能符合常態分布的性格特徵；而受測結果比平均值少一個標準差的人，特徵表現會低於平均表現（約有百分之十六的人）。因此，那些分數高於平均值一個標準差的人，特徵表現會落在高於平均的區間內（同樣約有百分之十六的人）。

著名的例子就是平均值落在一百分，標準差為十五分的智商（ＩＱ）。這代表人類的平均智力落在八十五至一百一十五分之間，智商低於八十五分的人表示智力低於平均，高於一百一十五分的人代表智力高於平均。

另外，在常態分布之下，只有百分之二的人會低於或高於兩個標準差。在這個舉例中，智商低於七十分的人會被認為是智能不足，而高於一百三十分的人則是資優生。

不過，傳統的問卷與測試方法已無法再區分落在極端範圍中的一般人。涉及極端群體（例如資優生）的某些題目，有必要進行專門設計的測試。

正如我們所看到的，透過問卷或信效度測試得出的結果，只能和有關的群體（或過去的自己）相比來進行解釋。所以關鍵是比較的對象，如果和奧運選手一起測短跑，我們的表現自然會像隔壁的奶奶一樣差。對人格特質來說也同樣如此。因此，參考適合自己的比較樣本標準值是很重要的。

標準值不僅要合適，還必須與時俱進。為什麼呢？我們同樣能用智商這個例子來說明。紐西蘭政治學家詹姆斯・弗林（James Flynn）於一九八四年首次發現，智力測驗的結果在西方國家快速成長，而且不斷達到新的高峰（參考文獻88）。在十四個已開發國家中，每個世代的智力平均成長五到二十五分。特別是有關流體智力的測驗——不受語言或基本知識影響的推理能力——表現尤其如此。

怎麼會這樣呢？人類的智力不太可能在短時間內大幅成長，這樣的進化過程必然要花上許多時間，跨足上百年或上千年。因此我們認為，這是環境因素，所謂的「弗林效應」（以其發現者詹姆斯．弗林命名，順帶一提，這個效應目前已減弱）所造成的。過去十幾年來，許多國家在糧食供給、生活方式和醫療保健方面都有顯著地改善，這不僅對身體健康有益處，更有利於認知功能發展，總體來說，也讓我們變得更有競爭力。此外，在許多地區，學校與技職教育所重視的項目也改變了。現在重視的不再是單調的填鴨式教育和愚蠢的死記硬背，而是歸納和推演思考、應用與遷移學習[2]。當我們的祖父母還在背誦歌德與席勒的詩歌，現在的小學生卻已能在虛擬實境中解開複雜的腦筋急轉

---

2 把一個領域已經訓練好的知識轉移到另一個目標領域。

彎。這種類型的題目與傳統的智力測驗極為相似，因此訓練能產生很大的效果。年輕世代在智力測驗中大獲全勝，也代表我們必須定期更新標準。畢竟，我們感興趣的是（至少排除個人族譜的研究）和我們同世代，而不是和祖父母那個世代的人相比的結果。

人格發展的測量方法

想要研究性格或幸福程度的變化，有兩種方法。其一是「橫斷式研究」，這種方法針對某種性格只會量測一次。例如詢問受訪者，他們的性格在經歷工作升遷或一段感情之後有什麼變化。其實他們無法再（正確地）回憶，甚至在回顧時扭曲感受的可能性也很大，畢竟當我們克服了這些事情後，常常就會忘記剛開始工作時有多麼艱難、分手時有多麼難受。

因此，涉及變化時，比較適合採用「縱向研究」。透過縱向研究，我們能在多個時間點重複捕捉性格特徵，針對變化進行統計量測，以降低出錯的可能性。縱向研究也適合用來調查特定事件發生前的差異或變化。舉例來說，我們可以分析自己的性格在第一份工作前的變化，或是分析哪些風險因素能夠預測，像是我們是否會在接下來的幾年內罹患憂鬱症。為了預測、辨識風險群體並制定針對性的預防措施，這種所謂的前瞻性縱向研究在心理學和醫學領域顯得特別重要。

然而，找出特定事件發生前的差異與變化，是一項棘手的挑戰。沒人說得準什麼時候會發生什麼事，我們不知道（或至少不確定），誰會在未來的幾年中找到真愛、罹患重病或失去孩子。因此，針對那些即將經歷這些事的人進行調查是不可能的。所以必須反覆調查很多人，這樣至少會遇到幾個相符的對象。對於很罕見的事（例如失去自己的孩子）來說，尤其如此。

大規模的縱向研究耗時費力又昂貴，因此大多由政府協調進行。本書多次提及的「德國社會經濟調查小組」自一九八〇年代起，每年都會從整個德國的代表性家戶樣本數中，抽樣上千人進行調查。此調查由德國經濟研究所負責進行，數據免費提供給所有學門的研究人員使用。

測測你的五大人格特質

你想知道自己的五大人格特質傾向嗎？那麼，請安排一段不受打擾的時間來完成後面的問卷。請針對每一段陳述，勾選與自己最相符的答案，盡可能直覺作答。這不是考試，沒有正確或錯誤的答案。這也不是要描繪出理想中的自己、以前或是未來想變成的樣子，而是要確認自己目前的性格！所以，請誠實面對自己：你平常的行為表現、哪些事物是你重視的、哪些對你來說是典型的情況？

如果你剛好身處特殊情況，答案當然可能會和平常不同。不過，你肯定能區分哪些行為是這個特殊情況造成的，而哪些才是「正常的」，也就是你平常的行為。順帶一提，透過這點我們也可以看出來，性格並非靜止不動——尤其是在動盪的情況下，和經歷一段較長的時間後——是可能改變的。如果想要衡量性格的變化，請於幾個月後再填一次這份問卷，並和今天的結果進行比較。你可以在下列的問卷後找到計分方式與說明。

五大人格測量問卷

經驗開放性						
題號	題目	非常不符合	不太符合	普通	符合	非常符合
01	我經常陷入白日夢之中	1	2	3	4	5
02	我享受徜徉在想像的世界裡	1	2	3	4	5
03	我喜歡沉浸在自己的想法中	1	2	3	4	5
04	我熱衷於自己的想像	1	2	3	4	5
05	我有非常生動的想像力	1	2	3	4	5
06	想像力能在日常生活中幫助我	1	2	3	4	5
07	我認為藝術非常重要	1	2	3	4	5
08	我有很獨特的美感	1	2	3	4	5
09	我能察覺其他人無法發現的美	1	2	3	4	5
10	藝術品深深地觸動我	1	2	3	4	5
11	我熱愛一切美麗的事物	1	2	3	4	5
12	美麗的事物在我的生命中占有一席之地	1	2	3	4	5
13	我能感覺到自己的感受非常強烈	1	2	3	4	5
14	我有很好的共感能力，能感受到其他人的情緒	1	2	3	4	5
15	我的思考與行動受到感覺引導	1	2	3	4	5
16	我的情緒起伏比別人大	1	2	3	4	5

17	我對情緒的感覺非常敏銳	1	2	3	4	5
18	我的感受異常豐富	1	2	3	4	5
19	我喜歡嘗試新事物	1	2	3	4	5
20	比起一成不變，我更喜歡求新求變	1	2	3	4	5
21	我尋求變化	1	2	3	4	5
22	我追求新的體驗	1	2	3	4	5
23	比起熟悉的事物，我更喜歡新事物	1	2	3	4	5
24	多彩多姿的生活對我來說很重要	1	2	3	4	5
25	我喜歡研究複雜的問題	1	2	3	4	5
26	我對抽象的想法感興趣	1	2	3	4	5
27	我喜歡有挑戰性的內容	1	2	3	4	5
28	我喜歡仔細研究理論	1	2	3	4	5
29	陌生領域的知識會激發我的好奇心	1	2	3	4	5
30	我喜歡新的想法	1	2	3	4	5
31	我認為以稅款資助藝術家是非常重要的	1	2	3	4	5
32	我認為協助總是比懲罰好	1	2	3	4	5
33	我對任何形式的權威都採取批判的質疑態度	1	2	3	4	5
34	我認為囚犯受到過於嚴苛的對待	1	2	3	4	5
35	我認為傳統應該與時俱進	1	2	3	4	5
36	我經常對社會規範提出帶有批判的質疑	1	2	3	4	5

盡責性						
題號	題目	非常不符合	不太符合	普通	符合	非常符合
01	我能輕鬆又快速地理解事情	1	2	3	4	5
02	我擅長找到好的解決方案	1	2	3	4	5
03	我總是成功地完成任務	1	2	3	4	5
04	我能輕鬆地做出明智的決策	1	2	3	4	5
05	我已經準備好迎接未來的挑戰	1	2	3	4	5
06	我確信自己能成功地掌握人生	1	2	3	4	5
07	我總是確保物品有放回原位	1	2	3	4	5
08	我喜歡乾淨整齊	1	2	3	4	5
09	我非常謹慎地保管自己的財物	1	2	3	4	5
10	雜亂無章會嚴重影響我	1	2	3	4	5
11	我喜歡按照一定的順序處理事情	1	2	3	4	5
12	我喜歡保持井然有序	1	2	3	4	5
13	我絕對可靠	1	2	3	4	5
14	強烈的責任感在生活的各個面向指引著我	1	2	3	4	5
15	我嚴格遵守自己的原則	1	2	3	4	5
16	對我來說，守時是最重要的	1	2	3	4	5
17	我會全力以赴履行自己的職責	1	2	3	4	5

18	對我來說，工作比玩樂重要	1	2	3	4	5
19	我會付出一切努力達成目標	1	2	3	4	5
20	我認真工作	1	2	3	4	5
21	我總是全力以赴地完成工作、不輕易放棄	1	2	3	4	5
22	我總是希望自己能超越期望	1	2	3	4	5
23	有抱負的目標激勵著我	1	2	3	4	5
24	我在自己的計畫上投入大量的時間與精力	1	2	3	4	5
25	當我開始處理一件事情時，就不會讓自己分心	1	2	3	4	5
26	多虧我的意志力，我可以輕鬆克服自己的懈怠	1	2	3	4	5
27	必須完成工作的時候，我會非常有紀律	1	2	3	4	5
28	我能毫不費力地將決心化為行動	1	2	3	4	5
29	我能以極大的耐心完成費時的工作	1	2	3	4	5
30	即使遭遇阻礙，我仍會完成已經進行的工作	1	2	3	4	5
31	在著手處理前，我會先設想可能發生的錯誤	1	2	3	4	5
32	我會小心謹慎地措辭	1	2	3	4	5
33	行動前我會仔細思考	1	2	3	4	5
34	我總是考慮周全地處理事情	1	2	3	4	5
35	我總是周延地考慮自己的計畫	1	2	3	4	5
36	我會花時間考量，做出縝密的決策	1	2	3	4	5

外向性						
題號	題目	非常不符合	不太符合	普通	符合	非常符合
01	對我來説，交朋友很簡單	1	2	3	4	5
02	對其他人來説，要認識我很簡單	1	2	3	4	5
03	對我來説，主動親近別人很容易	1	2	3	4	5
04	我喜歡和他人交談	1	2	3	4	5
05	我是一個隨和的人	1	2	3	4	5
06	我散發出一種友善的氛圍	1	2	3	4	5
07	我不喜歡獨處	1	2	3	4	5
08	我喜歡大型活動	1	2	3	4	5
09	我覺得自己有必要成為團體中的一分子	1	2	3	4	5
10	我會避免沉默	1	2	3	4	5
11	我會維繫許多社交關係	1	2	3	4	5
12	我喜歡一群人聚在一起的感覺	1	2	3	4	5
13	我喜歡指導其他人	1	2	3	4	5
14	我説服他人的能力很強	1	2	3	4	5
15	對我來説，表達自己的訴求不是太困難的事	1	2	3	4	5
16	我喜歡掌控局面	1	2	3	4	5
17	領導是我的強項	1	2	3	4	5
18	我會堅決表達自己的意見	1	2	3	4	5

19	我適合很快的步調	1	2	3	4	5
20	我總是忙個不停，四處奔走	1	2	3	4	5
21	閒暇時我會做很多事	1	2	3	4	5
22	我的反應很迅速	1	2	3	4	5
23	我喜歡同時處理很多事	1	2	3	4	5
24	我總是充滿幹勁	1	2	3	4	5
25	我喜歡刺激的感覺	1	2	3	4	5
26	我喜歡做大膽的事	1	2	3	4	5
27	我喜歡冒險	1	2	3	4	5
28	我總是在尋求腎上腺素爆發的感覺	1	2	3	4	5
29	我無可救藥地受到冒險吸引	1	2	3	4	5
30	我喜歡有風險的事	1	2	3	4	5
31	我散發出愉悅的感覺	1	2	3	4	5
32	許多事物都讓我覺得很有趣	1	2	3	4	5
33	我常常像個孩子一樣快樂	1	2	3	4	5
34	我總是看到生命光亮的那面	1	2	3	4	5
35	我能逗笑朋友們	1	2	3	4	5
36	我時常充滿熱情	1	2	3	4	5

親和性						
題號	題目	非常不符合	不太符合	普通	符合	非常符合
01	我堅信每個人都是為了我好	1	2	3	4	5
02	我很容易相信他人	1	2	3	4	5
03	我總是認為每個人的意圖都是好的	1	2	3	4	5
04	我堅信人性本善	1	2	3	4	5
05	基本上我認為每個人都是誠實的	1	2	3	4	5
06	我認為每個人的行為都是正直的	1	2	3	4	5
07	我絕對不會為了自己的利益而影響他人	1	2	3	4	5
08	與他人競爭時，我會嚴格遵守規則	1	2	3	4	5
09	我總是坦誠地與他人相處	1	2	3	4	5
10	即使對自己不利，我仍會誠實以對	1	2	3	4	5
11	我仍保有赤子之心	1	2	3	4	5
12	我會不帶偏見地表達讚美與批評	1	2	3	4	5
13	我把別人的需求放在第一位	1	2	3	4	5
14	比起自己，我更關心他人	1	2	3	4	5
15	我會幫每個人說好話	1	2	3	4	5
16	我會幫助他人	1	2	3	4	5
17	為了他人，我會先放下自己的需求	1	2	3	4	5

18	我會留意其他人是否都感到舒適自在	1	2	3	4	5
19	我很不喜歡反駁他人	1	2	3	4	5
20	我會盡一切努力盡快調解衝突	1	2	3	4	5
21	我寧願壓抑自己的不滿，也不願冒著會吵架的風險	1	2	3	4	5
22	吵架的時候，我傾向找回和諧	1	2	3	4	5
23	爭辯的時候，我大多會讓步	1	2	3	4	5
24	我寧願妥協，而不是堅持正確性	1	2	3	4	5
25	我常常在他人面前淡化自己的才能	1	2	3	4	5
26	成為眾人關注的焦點會讓我覺得不自在	1	2	3	4	5
27	我會避免讓自己的能力成為焦點	1	2	3	4	5
28	我不喜歡談論自己的成就	1	2	3	4	5
29	我不愛出風頭	1	2	3	4	5
30	談論到自己的時候，我傾向輕描淡寫	1	2	3	4	5
31	善良的人是我的好榜樣	1	2	3	4	5
32	對我來說，合作比競爭重要	1	2	3	4	5
33	他人的痛苦讓我感同身受	1	2	3	4	5
34	對我來說，最重要的美德是站在弱勢的一方	1	2	3	4	5
35	我非常關心所有人的幸福	1	2	3	4	5
36	對我來說，善良比正義重要	1	2	3	4	5

神經質（情緒穩定程度）						
題號	題目	非常不符合	不太符合	普通	符合	非常符合
01	我很容易感到擔心	1	2	3	4	5
02	我的內心常常有某種緊繃的感覺	1	2	3	4	5
03	我常常想著事情可能會出錯	1	2	3	4	5
04	我很容易受到事件影響而感到不安	1	2	3	4	5
05	我擔心很多事情	1	2	3	4	5
06	我常常都很緊張	1	2	3	4	5
07	我經常感受到強烈的憤怒	1	2	3	4	5
08	我很容易生氣	1	2	3	4	5
09	我很容易受到傷害	1	2	3	4	5
10	我很容易被激怒	1	2	3	4	5
11	我的情緒會一下子就變得很差	1	2	3	4	5
12	我覺得自己性情暴躁	1	2	3	4	5
13	我經常感到悲傷	1	2	3	4	5
14	我經常自我懷疑	1	2	3	4	5
15	我經常覺得絕望	1	2	3	4	5
16	我經常希望自己能變得不一樣	1	2	3	4	5
17	我經常為一些事情感到沮喪	1	2	3	4	5

18	有些時候，我覺得一切都是黑暗的	1	2	3	4	5
19	我很容易尷尬	1	2	3	4	5
20	很多事都令我感到為難	1	2	3	4	5
21	對我來說，認識其他人很困難	1	2	3	4	5
22	難應付的社交場合讓我感到不自在	1	2	3	4	5
23	他人將目光轉向我的時候，會讓我不知所措	1	2	3	4	5
24	在他人面前發言會讓我感到不自在	1	2	3	4	5
25	我難以抗拒誘惑	1	2	3	4	5
26	我會做一些讓自己後悔的事	1	2	3	4	5
27	我總是不受約束	1	2	3	4	5
28	我很難堅持自己的決心	1	2	3	4	5
29	我非常不喜歡放棄	1	2	3	4	5
30	對我來說，克制自己不簡單	1	2	3	4	5
31	我很容易陷入恐慌	1	2	3	4	5
32	在有壓力的情況下，我很快就會失去冷靜	1	2	3	4	5
33	我經常覺得自己無法掌控危急的情況	1	2	3	4	5
34	我很容易被不好的事情影響而打亂自己的步調	1	2	3	4	5
35	在有壓力的情況下，我的感受會壓垮自己	1	2	3	4	5
36	有困難的時候，我會依賴他人的支持	1	2	3	4	5

說明

請加總計算表格中你所勾選的數值，每一項特質請分別計算。加總的數字可以讓我們知道，自己表現出的每一項五大人格特質是高於、低於或是介於平均值之間。

經驗開放性

- 總和小於111，代表經驗開放性低於平均值
- 總和介於111到145之間，代表經驗開放性介於平均值
- 總和大於145，代表經驗開放性高於平均值

盡責性

- 總和低於117，代表盡責性低於平均值
- 總和介於117到152之間，代表盡責性介於平均值
- 總和高於152，代表盡責性高於平均值

外向性

- 總和低於105，代表外向性低於平均值
- 總和介於105到143之間，代表外向性介於平均值
- 總和高於143，代表外向性高於平均值

親和性

- 總和低於109，代表親和性低於平均值
- 總和介於109到140之間，代表親和性介於平均值
- 總和高於140，代表親和性高於平均值

神經質

- 總和低於72，代表神經質低於平均值（同時也代表情緒穩定程度高於平均值）
- 總和介於72到118之間，代表神經質程度介於平均值
- 總和高於118，代表神經質程度高於平均值（同時也代表情緒穩定程度低於平均值）

參考文獻

1. Vazire, S. Who knows what about a person? The self–other knowledge asymmetry (SOKA) model. Journal of Personality and Social Psychology 98, 281-300 (2010).
2. Kruger, J. & Dunning, D. Unskilled and unaware of it: how difficulties in recognizing one's own incompetence lead to inflated self-assessments. Journal of Personality and Social Psychology 77, 1121-1134 (1999).
3. Allport, G. W. & Odbert, H. Trait-Names: a Psycho-lexical Study. No. 211. Psychological Review Monographs (1936).
4. Skinner, E. A. A guide to constructs of control. Journal of Personality and Social Psychology 71, 549-570 (1996).
5. McCain, J. L. & Campbell, W. K. Narcissism and social media use: a metanalytic review. Psychology of Popular Media Culture 7, 308-327 (2018).
6. Helliwell, J. F., Layard, R., Sachs, J. D., De Neve, J.-E. & Aknin, L. B. & Wang, S. World Happiness Report 2022. Sustainable Development Solutions Network (2022).
7. Anglim, J., Horwood, S., Smillie, L. D., Marrero, R. J. & Wood, J. K. Predicting psychological and subjective well-being from personality: a metaanalysis. Psychological Bulletin 146, 279–323 (2020).
8. Strickhouser, J. E., Zell, E. & Krizan, Z. Does personality predict health and well-being? A metasynthesis. Health Psychology 36, 797-810 (2017).
9. Bogg, T. & Roberts, B. W. Conscientiousness and health-related behaviors: a meta-analysis of the leading behavioral contributors to mortality. Psychological Bulletin 130, 887-919 (2004).
10. Friedman, H. S. et al. Does childhood personality predict longevity? Journal of Personality and Social Psychology 65, 176-185 (1993).
11. Friedman, H. S. et al. Childhood conscientiousness and longevity: health behaviors and cause of death. Journal of Personality and Social Psychology 68, 696-703 (1995).
12. Hudson, N. W. & Roberts, B. W. Goals to change personality traits: Concurrent links between personality traits, daily behavior, and goals to change oneself. Journal of Research in Personality 53, 68-83 (2014).
13. Luhmann, M., Lucas, R. E., Eid, M. & Diener, E. The prospective effect of life satisfaction on life events. Social Psychological and Personality Science 4, 39-45 (2013).

14. Fox, N. A., Henderson, H. A., Marshall, P. J., Nichols, K. E. & Ghera, M. M. Behavioral inhibition: Linking biology and behavior within a developmental framework. Annual Review of Psychology 56, 235-262 (2005).
15. Sandstrom, A., Uher, R. & Pavlova, B. Prospective association between childhood behavioral inhibition and anxiety: a meta-analysis. Research on Child and Adolescent Psychopathology 48, 57-66 (2020).
16. Tang, A. et al. Infant behavioral inhibition predicts personality and social outcomes three decades later. Proceedings of the National Academy of Sciences 117, 9800-9807 (2020).
17. Asselmann, E., Wittchen, H. U., Lieb, R., Höfler, M. & Beesdo-Baum, K. The role of behavioral inhibition and parenting for an unfavorable emotional trauma response and PTSD. Acta Psychiatrica Scandinavica 131, 279-289 (2015).
18. Asselmann, E. et al. Assessing the interplay of childhood adversities with more recent stressful life events and conditions in predicting panic pathology among adults from the general population. Journal of Affective Disorders 225, 715-722 (2018).
19. Klimstra, T. A., Hale III, W. W., Raaijmakers, Q. A., Branje, S. J. & Meeus, W. H. Maturation of personality in adolescence. Journal of Personality and Social Psychology 96, 898-912 (2009).
20. Roberts, B. W., Walton, K. E. & Viechtbauer, W. Patterns of mean-level change in personality traits across the life course: a meta-analysis of longitudinal studies. Psychological Bulletin 132, 1-25 (2006).
21. Branje, S. J., Van Lieshout, C. F. & Gerris, J. R. Big Five personality development in adolescence and adulthood. European Journal of Personality 21, 45-62 (2007).
22. Asselmann, E. & Beesdo-Baum, K. Predictors of the course of anxiety disorders in adolescents and young adults. Current Psychiatry Reports 17, 1-8 (2015).
23. Bleidorn, W. et al. Personality maturation around the world: a cross-cultural examination of social-investment theory. Psychological Science 24, 2530-2540 (2013).
24. Roberts, B. W. & Wood, D. Personality development in the context of the neo-socioanalytic model of personality in Handbook of Personality Development (eds D. K. Mroczek & T. D. Little) 11-39. Lawrence Erlbaum Associates Publishers (2006).
25. Carstensen, L. L. The influence of a sense of time on human development. Science 312, 1913-1915 (2006).
26. Asselmann, E. & Specht, J. Personality maturation and personality relaxation:

Differences of the Big Five personality traits in the years around the beginning and ending of working life. Journal of Personality 89, 1126-1142 (2021).
27. Denissen, J. J. et al. Uncovering the power of personality to shape income. Psychological Science 29, 3-13 (2018).
28. Asselmann, E. & Specht, J. Longitudinal bidirectional associations between personality and becoming a leader. Journal of Personality, advance online publication, doi: 10.1111/jopy.12719 (2022).
29. Asselmann, E. & Specht, J. Becoming a leader does not make happy: changes in cognitive and affective well-being in the years before and after starting a leadership position. Talk at the 52nd Congress of the German Psychological Society in Hildesheim, Germany (2022).
30. Asselmann, E., Klimstra, T. & Denissen, J. J. Unraveling resilience: Personality predicts exposure and reaction to stressful life events. Personality Science 2, e6055 (2021).
31. Pusch, S., Mund, M., Hagemeyer, B. & Finn, C. Personality development in emerging and young adulthood: a study of age differences. European Journal of Personality 33, 245-263 (2019).
32. Neyer, F. J. & Asendorpf, J. B. Personality-relationship transaction in young adulthood. Journal of Personality and Social Psychology 81, 1190-1204 (2001).
33. Wagner, J., Becker, M., Lüdtke, O. & Trautwein, U. The first partnership experience and personality development: a propensity score matching study in young adulthood. Social Psychological and Personality Science 6, 455-463 (2015).
34. Lehnart, J., Neyer, F. J. & Eccles, J. Long-term effects of social investment: The case of partnering in young adulthood. Journal of Personality 78, 639-670 (2010).
35. Asselmann, E. & Specht, J. Taking the ups and downs at the rollercoaster of love: Associations between major life events in the domain of romantic relationships and the Big Five personality traits. Developmental Psychology 56, 1803-1816 (2020).
36. Headey, B. & Wearing, A. Personality, life events, and subjective well-being: Toward a dynamic equilibrium model. Journal of Personality and Social Psychology 57, 731-739 (1989).
37. Asselmann, E. & Specht, J. Changes in happiness, sadness, anxiety, and anger around romantic relationship events. Emotion, in press (2022).
38. Asselmann, E. & Specht, J. Testing the Social Investment Principle around childbirth:

Little evidence for personality maturation before and after becoming a parent. European Journal of Personality 35, 85-102 (2021).
39. van Scheppingen, M. A. et al. Personality trait development during the transition to parenthood: a test of social investment theory. Social Psychological and Personality Science 7, 452-462 (2016).
40. Asselmann, E. & Specht, J. Changes in subjective well-being around childbirth in women and men, in preparation.
41. Asselmann, E., Wittchen, H.-U., Petzoldt, J. & Martini, J. Peripartum changes in partnership quality among women with and without anxiety and depressive disorders prior to pregnancy: a prospective-longitudinal study. Archives of Women's Mental Health 19, 281-290 (2016).
42. Asselmann, E., Hoyer, J., Wittchen, H.-U. & Martini, J. Sexual problems during pregnancy and after delivery among women with and without anxiety and depressive disorders prior to pregnancy: a prospective-longitudinal study. The Journal of Sexual Medicine 13, 95-104 (2016).
43. Luhmann, M., Hofmann, W., Eid, M. & Lucas, R. E. Subjective well-being and adaptation to life events: a meta-analysis. Journal of Personality and Social Psychology 102, 592-615 (2012).
44. Asselmann, E., Garthus-Niegel, S., Knappe, S. & Martini, J. Physical and mental health changes in the five years before and five years after childbirth: a population-based panel study in first-time mothers and fathers from Germany. Journal of Affective Disorders 301, 138-144 (2022).
45. Asselmann, E., Kunas, S. L., Wittchen, H.-U. & Martini, J. Maternal personality, social support, and changes in depressive, anxiety, and stress symptoms during pregnancy and after delivery: a prospective-longitudinal study. PloS One 15, e0237609 (2020).
46. Asselmann, E., Wittchen, H.-U., Erler, L. & Martini, J. Peripartum changes in social support among women with and without anxiety and depressive disorders prior to pregnancy: a prospective-longitudinal study. Archives of Women's Mental Health 19, 943-952 (2016).
47. Asselmann, E., Wittchen, H.-U., Lieb, R., Höfler, M. & Beesdo-Baum, K. Does low coping efficacy mediate the association between negative life events and incident psychopathology? A prospective-longitudinal community study among adolescents and young adults. Epidemiology and Psychiatric Sciences 25, 171-180 (2016).

48. Asselmann, E., Wittchen, H.-U., Lieb, R. & Beesdo-Baum, K. A 10-year prospective-longitudinal study of daily hassles and incident psychopathology among adolescents and young adults: interactions with gender, perceived coping efficacy, and negative life events. Social Psychiatry and Psychiatric Epidemiology 52, 1353-1362 (2017).
49. Asselmann, E., Wittchen, H.-U., Lieb, R., Perkonigg, A. & Beesdo-Baum, K. Incident mental disorders in the aftermath of traumatic events: a prospective-longitudinal community study. Journal of Affective Disorders 227, 82-89 (2018).
50. Asselmann, E., Wittchen, H. U., Lieb, R. & Beesdo-Baum, K. Sociodemographic, clinical, and functional long-term outcomes in adolescents and young adults with mental disorders. Acta Psychiatrica Scandinavica 137, 6-17 (2018).
51. Asselmann, E., Wittchen, H.-U., Lieb, R., Höfler, M. & Beesdo-Baum, K. Danger and loss events and the incidence of anxiety and depressive disorders: a prospective-longitudinal community study of adolescents and young adults. Psychological Medicine 45, 153-163 (2015).
52. Kische, H., Zenker, M., Pieper, L., Beesdo-Baum, K. & Asselmann, E. Applied relaxation and cortisol secretion: findings from a randomized controlled indicated prevention trial in adults with stress, anxiety, or depressive symptoms. Stress 25, 122-133 (2022).
53. Beesdo-Baum, K., Zenker, M., Rückert, F., Kische, H., Pieper, L. & Asselmann, E. Efficacy of Applied Relaxation as Indicated Preventive Intervention in Individuals at Increased Risk for Mental Disorders: A Randomized Controlled Trial. Behaviour Research and Therapy, in press (2022).
54. Asselmann, E. et al. The role of gender and anxiety in the association between somatic diseases and depression: findings from three combined epidemiological studies in primary care. Epidemiology and Psychiatric Sciences 28, 321-332 (2019).
55. Specht, J., Egloff, B. & Schmukle, S. C. The benefits of believing in chance or fate: External locus of control as a protective factor for coping with the death of a spouse. Social Psychological and Personality Science 2, 132-137 (2011).
56. Asselmann, E. & Specht, J. Dramatic effects but fast adaptation: Changes in life satisfaction and different facets of affective well-being around the death of a partner and death of a child. Applied Psychology: Health and Well-Being, in press (2022).
57. Asselmann, E. & Specht, J. Personality growth in reaction to relationship losses: Changes in perceived control before and after separation, divorce, and the death of a

partner. PloS One, in press (2022).
58. Asselmann, E. & Specht, J. Till death do us part: Transactions between losing one's spouse and the Big Five personality traits. Journal of Personality 88, 659–675 (2020).
59. Werner, E. & Smith, R. S. Journeys from childhood to midlife: Risk, resilience, and recovery. Cornell University Press (2001).
60. Werner, E., Bierman, J. & French, F. The children of Kauai Honolulu. University of Hawaii Press (1971).
61. Asselmann, E. Gesundheitsbezogene Resilienz in Gesundheitswissenschaften, 2. Auflage (ed R. Haring). Springer, in press (2022).
62. Bohane, L., Maguire, N. & Richardson, T. Resilients, overcontrollers and undercontrollers: a systematic review of the utility of a personality typology method in understanding adult mental health problems. Clinical Psychology Review 57, 75-92 (2017).
63. Bonanno, G. A. Loss, trauma, and human resilience: Have we underestimated the human capacity to thrive after extremely aversive events? American Psychologist 59, 20-28 (2004).
64. Bonanno, G. A., Romero, S. A. & Klein, S. I. The temporal elements of psychological resilience: An integrative framework for the study of individuals, families, and communities. Psychological Inquiry 26, 139-169 (2015).
65. Galatzer-Levy, I. R., Huang, S. H. & Bonanno, G. A. Trajectories of resilience and dysfunction following potential trauma: a review and statistical evaluation. Clinical Psychology Review 63, 41-55 (2018).
66. Mangelsdorf, J., Eid, M. & Luhmann, M. Does growth require suffering? A systematic review and meta-analysis on genuine posttraumatic and postecstatic growth. Psychological Bulletin 145, 302-338 (2019).
67. Chmitorz, A. et al. Intervention studies to foster resilience–A systematic review and proposal for a resilience framework in future intervention studies. Clinical Psychology Review 59, 78-100 (2018).
68. Wundrack, R., Asselmann, E. & Specht, J. Personality development in disruptive times: The impact of personal versus collective life events. Social and Personality Psychology Compass 15, e12635 (2021).
69. Asselmann, E., Borghans, L., Montizaan, R. & Seegers, P. The role of personality in the thoughts, feelings, and behaviors of students in Germany during the first weeks

of the COVID-19 pandemic. PloS One 15, e0242904 (2020).
70. Bendau, A. et al. Longitudinal changes of anxiety and depressive symptoms during the COVID-19 pandemic in Germany: The role of pre-existing anxiety, depressive, and other mental disorders. Journal of Anxiety Disorders 79, 102377 (2021).
71. Benke, C., Autenrieth, L. K., Asselmann, E. & Pané-Farré, C. A. One year after the COVID-19 outbreak in Germany: long-term changes in depression, anxiety, loneliness, distress and life satisfaction. European Archives of Psychiatry and Clinical Neuroscience, advance online publication, doi: 10.1007/s00406-022-01400-0 (2022).
72. Benke, C., Autenrieth, L. K., Asselmann, E. & Pané-Farré, C. A. Stay-athome orders due to the COVID-19 pandemic are associated with elevated depression and anxiety in younger, but not older adults: results from a nationwide community sample of adults from Germany. Psychological Medicine, 1-2 (2020).
73. Benke, C., Autenrieth, L. K., Asselmann, E. & Pané-Farré, C. A. Lockdown, quarantine measures, and social distancing: Associations with depression, anxiety and distress at the beginning of the COVID-19 pandemic among adults from Germany. Psychiatry Research 293, 113462 (2020).
74. Luhmann, M. & Hawkley, L. C. Age differences in loneliness from late adolescence to oldest old age. Developmental Psychology 52, 943-959 (2016).
75. Buecker, S., Mund, M., Chwastek, S., Sostmann, M. & Luhmann, M. Is loneliness in emerging adults increasing over time? A preregistered crosstemporal meta-analysis and systematic review. Psychological Bulletin 147, 787-805 (2021).
76. Ravens-Sieberer, U. et al. Impact of the COVID-19 pandemic on quality of life and mental health in children and adolescents in Germany. European Child & Adolescent Psychiatry, 1-11 (2021).
77. Asselmann, E., Bendau, A., Hoffmann, C. F. A. & Ewert, C. More functional coping explains the beneficial effects of self-compassion on mental health during the COVID-19 pandemic. Talk at the 20th European Conference on Personality in Madrid, Spain (2022).
78. Soroka, S., Fournier, P. & Nir, L. Cross-national evidence of a negativity bias in psychophysiological reactions to news. Proceedings of the National Academy of Sciences 116, 18888-18892 (2019).
79. Bendau, A. et al. Associations between COVID-19 related media consumption and symptoms of anxiety, depression and COVID-19 related fear in the general

population in Germany. European Archives of Psychiatry and Clinical Neuroscience 271, 283-291 (2021).

80. Thielmann, I. & de Vries, R. E. Who wants to change and how? On the traitspecificity of personality change goals. Journal of Personality and Social Psychology 121, 1112-1139 (2021).
81. Hudson, N. W. & Fraley, R. C. Do people's desires to change their personality traits vary with age? An examination of trait change goals across adulthood. Social Psychological and Personality Science 7, 847-856 (2016).
82. Hudson, N. W., Fraley, R. C., Chopik, W. J. & Briley, D. A. Change goals robustly predict trait growth: a mega-analysis of a dozen intensive longitudinal studies examining volitional change. Social Psychological and Personality Science 11, 723-732 (2020).
83. Roberts, B. W. et al. A systematic review of personality trait change through intervention. Psychological Bulletin 143, 117-141 (2017).
84. Hudson, N. W. & Fraley, R. C. Volitional personality trait change: Can people choose to change their personality traits? Journal of Personality and Social Psychology 109, 490-507 (2015).
85. Stieger, M. et al. Becoming more conscientious or more open to experience? Effects of a two-week smartphone-based intervention for personality change. European Journal of Personality 34, 345-366 (2020).
86. Stieger, M. et al. Changing personality traits with the help of a digital personality change intervention. Proceedings of the National Academy of Sciences 118, e2017548118 (2021).
87. Allemand, M. & Flückiger, C. Personality change through digital-coaching interventions. Current Directions in Psychological Science 31, 41–48 (2022).
88. Flynn, J. R. Massive IQ gains in 14 nations: What IQ tests really measure. Psychological Bulletin 101, 171-191 (1987).
89. Iller, M., Grunder, M. & Schreiber, M. Handbuch Fragebogen zur Erfassung der Persönlichkeit (IPIP-5F30F-R1). Hochschule für Angewandte Wissenschaften (2020).

國家圖書館出版品預行編目資料

從酒吧到嬰兒床，是什麼讓我們長大成人？：人格心理學家帶你看懂自己，一窺推動成長&形塑性格的生命事件／伊娃．艾瑟曼（Eva Asselmann），瑪蒂娜．帕爾（Martina Pahr）著；王莉雯譯. -- 初版. -- 臺北市：日月文化出版股份有限公司，2024.02；304面；14.7×21公分. --（大好時光；79）
譯自：Woran wir wachsen: Welche Lebensereignisse unsere Persönlichkeit prägen und was uns wirklich weiterbringt.
ISBN 978-626-7405-18-5（平裝）
1. 人格心理學　2. 人格發展
173.75　112020878

大好時光 79

從酒吧到嬰兒床，是什麼讓我們長大成人？

人格心理學家帶你看懂自己，一窺推動成長&形塑性格的生命事件

Woran wir wachsen: Welche Lebensereignisse unsere Persönlichkeit prägen und was uns wirklich weiterbringt

作　　者：伊娃．艾瑟曼（Eva Asselmann）、瑪蒂娜．帕爾（Martina Pahr）
譯　　者：王莉雯
主　　編：藍雅萍
校　　對：藍雅萍、張靖荷
封面設計：之一設計工作室
美術設計：林佩樺

發 行 人：洪祺祥
副總經理：洪偉傑
副總編輯：謝美玲
法律顧問：建大法律事務所
財務顧問：高威會計師事務所
出　　版：日月文化出版股份有限公司
製　　作：大好書屋
地　　址：台北市信義路三段151號8樓
電　　話：（02）2708-5509　傳　　真：（02）2708-6157
客服信箱：service@heliopolis.com.tw
網　　址：www.heliopolis.com.tw
郵撥帳號：19716071 日月文化出版股份有限公司

總 經 銷：聯合發行股份有限公司
電　　話：（02）2917-8022　傳　　真：（02）2915-7212
印　　刷：軒承彩色印刷製版股份有限公司
初　　版：2024年02月
定　　價：380元
I S B N：978-626-7405-18-5

生命，因**閱讀**而**大好**